KB050248

왜 부모는 자녀를 불행하게 만드는가

전 거창교 교장 전성은의 행복론

왜 부모는 자녀를 불행하게 만드는가

전 거창고 교장 전성은의 행복론

초판 1쇄 | 2019년 7월 29일 발행

지은이 | 전성은

펴낸이 | 김현종
펴낸곳 | (주)메디치미디어
등록일 | 2008년 8월 20일 제300-2008-76호
주소 | 서울시 종로구 사직로 9길 22 2층(필운동 32-1)
전화 | 02-735-3315(편집) 02-735-3308(마케팅)
팩스 | 02-735-3309
전자우편·원고투고 | medici@medicimedia.co.kr
페이스북 | medicimedia
홈페이지 | www.medicimedia.co.kr

편집 | 유온누리
디자인 | 곽은선
마케팅 홍보 | 고광일 김신정
경영지원 | 김정하 김다나

인쇄 | 한영문화사

ⓒ 전성은, 2019

ISBN 979-11-5706-165-5 03370

이 도서의 국립중앙도서관 출판예정도서목록(CIP)은 서지정보유통지원시스템 홈페이지
(http://seoji.nl.go.kr)와 국가자료종합목록 구축시스템(http://kolis-net.nl.go.kr)에서
이용하실 수 있습니다. (CIP제어번호: CIP2019027216)

왜 부모는 자녀를 불행하게 만드는가

전 거창교 교장 전성은의 행복론

전성은 지음

메디치

일러두기

· 거창고등학회는 샛별초등학교, 샛별중학교, 거창고등학교가 속한 재단입니다.

· 문장 끝의 숫자는 참조 도서 목록의 번호를 가리킵니다.

1960년 3월 15일 나는 성경을 공부하기 시작했다. 성경 가운데에
서도 《로마서》라는 책을. 우치무라 간조의 《로마서 강해》를 시
작으로 찰스 하지 박사의 《로마서 주석》으로 넘어간 공부는 지
금까지 이어지고 있다. 그 《로마서》 하나를 제대로 이해하기 위
한 노력으로 신학, 종교, 교육학을 중심으로 다양한 책을 읽었다.
지금도 읽고 있다. 그런데 책을 쓰겠다는 생각을 한 번도 한 적
없이 그저 읽기만 했다. 그러다 정년퇴직을 하고 나서 세 권의 책
을 쓰게 되었다. 사실 내가 쓴 말 대부분은 어떤 책에선가 읽은
것들인데 누구의 책에서 읽은 것인지 정확하게 기억나지 않는
점이 아쉽다. 내 생각들이 내게서 나온 것이 아니라 앞서 간 훌륭
한 분들의 생각이었는데 그것을 일일이 밝히지 못했다. 이 책도
그러한 면에서 아쉽다.

우선 이 책에 대해 간단히 설명해 보겠다.

첫째로 교직 생활(샛별초, 샛별중, 거창고) 41년 동안 지켜본 아이들이 부모에게서 받는 영향, 부모에게서 받는 상처를 중심으로 그 예를 열 가지로 정리해 보았다. 더 자세한 예를 들 수도 있을 것이나 '부모 십계명'이라 이름 붙이는 것이 인상적일 것 같아 열 가지로 선별해 보았다.

세상에는 자녀교육에 관한 훌륭한 책들이 많이 있다. 그런데 대부분 심리학을 전공한 학자들의 책들이다. 그래서 이 책은 학문적인 가르침보다는 부모들이 생각을 다듬는 데 도움이 되는 거울 역할을 할 수 있다고 여겨지는, 학교에서 실제로 일어나고 있는 실례들을 모아 보았다.

둘째로 이 책에서 말하는 행복에 관한 이야기는 다음과 같은 분들에게서 배웠다.

전영창 전 교장, 원경선, 홍종만, 이 세 분에게서 중요한 핵심을 듣고 배웠다. 그리고 학교의 이사로 도움을 주시면서 기회 있을 때마다 학생들과 교사들에게 설교와 강의를 해주셨던 이귀선 목사님, 김찬국 목사님, 박종규 목사님, 김기석 목사님과 자주 오시지는 못했지만 돌아가실 때까지 이사로 수고해주셨던 장기려 박사님, 이사는 아니지만 3년에 한 번씩 오셔서 3학년 학생들에게 신앙집회를 통해 가르침을 주셨던 이현주 목사님의 행복에 관한 가르침들이 실려 있다. 특히 전영창, 원경선, 장기려 세 분의 가르침을 되새기며 성서를 안고 씨름하고 있는 거창고등학회의 젊은 교사들의 생각도 담겨 있다. 그리고 원경선과 전영창의 행복론은 마태복음의 산상수훈의 '팔 복'에 입각한 행복론이다. 따라서 이 책의 행복론은 거창고등학회의 행복론인 셈이면서 예수의 여덟 가지 행복의 비결이라 불리는 '팔 복'을 풀어 쓴 것이라 할 수 있다.

41년 동안 자식을 사랑하지 않는 부모를 본 일이 없다. 그런데 학교생활 속에서 고민하고 당황해하며 방황하는 아이들의 원인이 부모가 아닌 경우 또한 본 일이 없다. '문제아'라고 불리는 아이들의 원인 제공자가 부모가 아닌 경우도 본 적 없다. 그래서 감히 나는 말할 수 있다.

"적어도 학교에는 문제아가 없다. 문제 부모가 있을 뿐."

나는 이 책이 자식을 둔 부모들뿐만 아니라, 어른들에게 자신의 삶을 돌이켜보는 기회를 제공하는 책이기를 바란다.

2019년 7월 4일 새벽
전성은

목차

2부 부모와 자녀를 위한 행복론

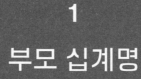

1
부모 십계명

1 자녀의 인생을 설계하지 마라

한때 몹시 친했던 선배가 있었다. 찢어지게 가난한 시골에서 태어나 공부 머리 하나로 의사가 된 사람이다. 그는 작은 도시에 있는 병원을 운영했다. 택시를 타고 병원 이름을 대면 찾아갈 수 있을 정도로 유명했다. 교회에서는 장로로 활동하는 착실하고 성실한 사람이었다. 그런데 십수 년 동안 연락이 없던 그에게서 전화가 왔다. 흔한 안부조차 묻지 않고 다짜고짜 한번 만나자고 했다. 워낙 가깝던 사이라 서운한 마음이 들지는 않았다. 나는 그러자고 했다. 부모로부터 땡전 한 푼 받지 않고 혼자 가정교사로 일하면서 의과대학을 마치느라 동기들보다 몇 년 늦게 졸업을 한 사람이다. 게다가 부잣집 딸과 결혼하여 처가의 도움을 받은 것도 아니었다. 그러니 그만한 개인 병원을 이루기까지 얼마나 고생했겠는가. 나는 날을 잡아 찾아갔다. 장장 세 시간 반이나 걸리는 곳으로.

함께 점심을 먹는 동안 그는 급히 만나자 한 이유를 털어놓았다. 20년이 넘는 고생 끝에 이만큼 성공했다. 결혼도 해서 아들 하나, 딸 하나 낳고 행복하게 살고 있다. 그런데 중학교 3학년인 큰놈이 문제다. 어릴 때부터 그림 그리기를 좋아했는데 여전히 그림을 좋아하는 것이 문제란다.

"만날 그림만 그려."

나를 빤히 쳐다보며 말했다.

"전 교장, 이를 어쩌면 좋지?"

"그림 좋아하는 게 무슨 문제지요?"

"당신도 알다시피 내가 어떻게 해서 여기까지 왔는데."

"……."

"그녀석이 공부만 해서 의사가 되면 나처럼 고생 안 해도 돼."

나는 그때서야 그의 고민이 무엇인지 알았다.

"내가 누굴 위해 그 고생해가며 이 병원을 짓고 했겠어. 그냥 편하게 ○○병원에 있으면 되는데. 병원 건물 있겠다, 저는 그냥 의사만 되면 돼. 그런데 죽어라 그림만 좋아하는 데다 고집부리면서 하는 말이, 미대에 가겠다는 거야. 아무리 설득해도 안 돼. 그래서 전 교장 보자고 한 거야. 전 교장에게 한번 설득해 달라고 하려고."

나는 잠시 뜸을 들였다.

"형, 학교에는 원인은 잘 모르겠는데 분명히 문제를 가진 아이들이 종종 있어. 그럴 때 서울에 있는 내가 잘 아는 정신과 의사에게 보내거든. 한 박사라고, 아주 실력 있고 신앙심도 깊은 분이셔. 그분한테 한번 가 봐. 내가 전화해놓을테니까. 아주 훌륭한 분이야."

"애가 가려고 할까?

"애 말고 형이 한번 가보라는 말이야."

"뭐, 나더러 가보라고? 내가 왜?"

"형이 돌았잖아."

"뭐라고? 내가 돌았다고?"

"그렇잖아? 그림을 좋아하면 미대에 가야지, 왜 의대를 가? 그림을 좋아해서 화가가 되겠다는 애를 꼭 의대에 보내려는 형이 이상하잖아? 형이 제정신이 아니잖아?"

그 후 헤어질 때까지 아이가 좋아하는 것을 하게 하고 도와주는 것이 교육적이고 부모가 해야 할 일이라고 설득해보았지만 그는 내 말을 들으려 하지 않았다. 그야말로 마이동풍이었다.

3년 뒤, 어떻게 설득했는지는 몰라도 기어코 아이를 의과대학에 보냈다는 소식을 들었다. 그런데 바로 그해 여름에 의과대학들이 돈을 받고 입학을 시켜주던 악습이 사회문제가 되어 의과대학들에 대한 대대적 감사가 있었다. 나는 혹시나 하고 신문의 관련 기사를 훑어보았다. 아니나 다를까, 그 선배의 아들 이름도 신문에서 확인할 수 있었다. 결국 그의 아들은 의과대학에서 제적을 당하고 말았다.

그런데 아버지에게는 불행한 그 사건이 아이에게는 행운이었다. 결국 아이는 미대에 들어갔고 화가가 되었다. 그리고 나중에 모 미술대학의 교수가 되었다는 소식을 들었다.

공대 진학을 꿈꾸는 한 아이가 있었다. 초등학생 때부터 늘 전교 일등이었다. 대한민국의 어느 공대에나 들어갈 만한 실력을 갖춘 아이였다. 당연히 고등학교 2학년이 되자 이과를 택했다. 그런데 아버지가 반대했다. 문과를 택해 법대에 가라는 것이었다. 그래도 아이는 뜻을 굽히지 않고 이과반에서 공부를 했다.

그의 아버지는 모두가 가난하던 시절 한 중소 도시에서 중학교까지 다닌 후 고등학교 진학을 포기하고 작은 철공소에 들어가 일을 배웠다. 그리고 10년 뒤 자신의 철공소를 차렸다. 부지런한 그는 주문받은 일을 성실히 해주었다. 철공소는 작은 공장이라 할 만큼 성장해나갔다. 그런데 80년대만 해도 소도시에서 공장을 하면 여기저기에 뜯기는 일이 많았다. 그러다 보니 아버지는 권력을 가진 사람이 원망스럽기도 하고 부럽기도 했다. 그의 소원은 아들이 판사나 검사처럼 권력을 가진 사람이 되는 것이었다. 게다가 아들은 어릴 때부터 전교에서 일등을 놓친 일이 없는 수재가 아닌가.

아버지의 소원이 얼마나 간절했는지 아이는 아버지의 소원을 들어드리기로 마음먹고 3학년 때 문과로 옮겼다. 일 년이나 늦게 문과로 옮겼지만 서울대학교 법과대학에 합격했다.

그런데 문제는 법대를 졸업한 뒤였다. 사법고시에 한 번 떨어지고 두 번 떨어지고 하다가 몇 년 뒤에는 포기를 하고 말았다. 그는 고향에 돌아가지 못했다. 불효 아닌 불효를 저지른 셈이었다. 아버지의 소원을 이루어 드리지 못한 탓에. 하지만 워낙 성실한 아이라 지금은 제법 큰 회사에 들어가 사장이 되었다.

가까이 지내던 목사가 있다. 유학까지 다녀온, 능력 있고 사회적으로도 제법 알려진 사람이다. 그런데 그의 아들은 노래와 춤에 소질이 있었다. 당시 유행하던 브레이크댄스를 우리 학교에서 제일 잘 추었다. 나는 그때 그 춤을 전혀 이해하지 못했다. 이해하지 못했을 뿐 아니라 싫어했다. 보는 것조차 민망했다. 그러던 어느 날 밤에 학교에 나왔다가 그 아이가 다른 아이들에게 브레이크댄스를 가르치는 광경을 보았다. 가을예술제 준비가 한창일 때였다. 가을예술제 때는 이틀에 걸쳐서 연극경연대회와 합창경연대회가 열린다. 그 예술제의 순서 중간중간에 중창과 장기자랑이 있다. 그 아이는 자기 반이 장기자랑으로 할 브레이크댄스를 가르치고 있었다. 나는 춤을 가르치는 진지한 태도에 끌려 한참 동안 지켜보았다.

"거기에서는 그렇게 하면 안 돼. 그 대목이 춤의 핵심이야. 좀 더 강렬하게."

"거기에서 반 박자가 틀렸잖아."

손에 타이머를 들고 0.5초를 틀렸다고 "다시, 다시"를 외치며 연습시키는 모습을 보고, 나는 여전히 그 춤을 잘 이해하지 못하지만 아이들 나름대로 자기들의 그 무엇인가를 표현하려고 하는 구나, 하고 알게 되었다.

학년 말에 아이의 아버지가 찾아왔다. 자기는 아들이 목사가 되기를 바란다고 했다.

"저는 그놈을 하나님께 바쳤습니다. 그런데 그놈이 공부는 안 하고 만날 노래나 부르고 춤만 추지 뭡니까?

"······."

"이러다가는 안 되겠습니다. 2학년으로 올라가지 말고 1학년에 남게 해서 공부를 다시 시켜야겠습니다. 아들놈에겐 제가 얘기해놓고 가겠습니다."

그런 뒤 그 목사는 아이를 만나, 목사가 되려면 공부를 해야 하는데 너는 일 년 동안 노래하고 춤만 추었으니 1학년부터 다시 시작하라고 못을 박고 갔다.

그날 밤 나는 그 아이를 불렀다. 그는 교장선생님에게도 다 말씀드려 놓았다고 아이에게 말했음에 틀림없었다. 교장실에 들어온 아이의 표정을 보니 죽을상이었다.

"야, 너 절대로 네 아버지 말 들으면 안 돼."

순간 아이가 의아한 표정으로 나를 쳐다보았다. 무슨 말인지 알아듣지 못한 표정이었다.

"야, 너 아버지 말 듣지 마. 너 하고 싶은 거 해. 1학년 다시 하지 마. 그냥 2학년 올라가. 알겠지."

나는 지금도 그 아이의 '살았다! 이럴 수가!'라는 표정이 눈에 선하다.

몇 년 전 서울 동문회의 연말 행사에 갔다가 그 아이가 축하 노래를 부르는 것을 보았다. 나는 그 아이가 학교 다닐 때에는 그렇게 노래를 잘하는지 몰랐다. 결국 그 아이는 뮤지컬 가수가 되어 있었다.

2 너 하나만 믿고 산다고
말하지 마라

60년대 말에 수재에 가까운, 공부를 잘하는 아이가 있었다. 아버지는 서울에서 이름을 대면 알 만한 유명한 의사였다. 그 아이에겐 누나 하나와 남동생 둘이 있었다. 모두 공부를 잘했으나 그중에서도 그가 제일 잘했다. 거기다 착하기까지 했다. 아버지가 돌아가시고 나자 어머니는 특히 그에게 거는 기대가 컸다. 늘 입버릇처럼 말했다. 네가 우리 집 희망이고 자기의 희망이라고.

"나는 너만 믿고 산다."

그래서 그만은 유학까지 보냈다. 그 시절엔 유학이 그리 쉽지 않던 때였다. 미국에서 수학을 전공하고 돌아왔다.

그런데 학교 다니던 시절 뭐라고 꼬집어 말하기는 어렵지만 무언가 이상한 점이 눈에 띄었다. 나는 70년대 초 대학원에서 교사로서 알아두어야 할 교육심리학을 두 학기 동안 공부한 적이 있다. 당시의 교육심리학은 거의 발달심리학이었다. 막 행동주의 심리학이 소개될 때여서 행동주의 심리학을 가볍게 접할 수 있었을 뿐이다. 그래도 심리학을 깊이 공부하지 못했으나 아이들 가운데 어떤 문제를 안고 있는 아이를 발견하면 학교에서 교사가 지도할 수 있는 아이인지 아니면 전문가에게 보내야 할 아이인지를 구별할 정도는 되었다. 그래서 초등학생 가운데 전문가의 도움을 받아야 할 아이는 대구에 있는 동산병원 정 모 박사에게 보내고 고등학생인 경우에는 서울에 있는 성모병원의 한 모 박사에게 보냈다. 둘 다 기독교 신앙이 돈독한 의사로서 우리 학교에서 보내는 아이들을 잘 돌보아주고 학교에는 이러이러한 증세를 가진 아이니 이렇게 지도하라고 상세히 알려주었다. 또 부모와 가족들에게도 그렇게 했다. 언제나 문제는 부모였다. 아이에게 이상한 점이 있어서 두 의사에게 가보라고 권하면 부모는 우리 아이를 왜 정신병자 취급하느냐고 펄펄 뛰면서 말을 듣지 않았다. 70년대까지만 해도 대부분의 부모가 아무리 설명을 해도 말을 듣지 않고 병원에 끝까지 가지 않는 바람에 아이의 이상 증세가 점점 악화되어 나중에는 정신과 치료를 받아도 소용이 없는 경우가 많았다. 그래도 학교의 권유를 받아들이는 부모가 종종 있었다. 그들은 지금도 학교에 그때 일을 감사하게 여기고 있다.

그런데 배운 부모들일수록 학교의 권유를 듣지 않았다. 기독교 신자인 경우엔 더 심했다. 정신과 의사의 도움을 받아야 할 딸을 가진, 독실한 기독교 신자 어머니가 있었는데 자기가 기도해서 고칠 수 있다고 확신하면서 학교의 권유를 듣지 않았다. 그 어머니는 "정신병은 예수님이 제일 많이 고치신 병이예요"라고 말하면서 오히려 내가 기독교 학교 교장으로서 성서를 있는 그대로 믿지 않음을 안타까워했다. 딸은 점점 병이 심해져 마흔을 넘기지 못하고 죽었다.

그리고 앞서 말한 아이의 어머니도 학교의 말을 전혀 받아들이지 않았다. '내 아이는 내가 제일 잘 알아요' 형의 어머니였다. 고등교육을 받은 데다 독실한 기독교 신자였다. 그래도 아이가 커서 20대 후반일 때 한 회사에 취직이 되었다. 나는 마침 서울에 볼일이 있어서 갔다가 취직 소식을 들었다. 반가웠던 나는 그의 집에서 함께 자며 축하해주고 다음 날 그가 출근하는 것을 보기로 했다. 물론 어머니는 나를 반갑게 맞아주었고 아침 식사를 잘 차려 대접해주었다. 그런데 나는 아침을 먹는 동안 어머니가 그의 옆에 붙어서,

"○○아, 네가 잘해낼 수 있겠니?"라고 수십 번도 더 말하는 것을 들어야 했다.

듣다못해 내가,

"예, 잘할 거예요"라고 중간중간 말하면,

"글쎄요, 정말 잘해내면 얼마나 좋겠어요"라고 믿기지 않는다는 식으로 답하곤 했다.

결국 그는 얼마 다니지 못하고 회사를 그만두었다. 그 후 한 번도 일을 해보지 못하고 30대의 젊은 나이로 죽었다. 나는 그의 명정銘旌 앞에 앉아, 아침마다 "너는 해낼 수 있어"라는 말을 들

으며 출근해도 힘들 텐데 매일 "너 잘해낼 수 있겠니?"를 들으
며―그것도 너 하나만 믿고 산다던 어머니에게서―출근했을 그
의 마음이 어떠했을까를 생각하면서 얼마나 울었는지 모른다.

3 자녀를 다른 아이와
비교하지 마라

거창도 산골이지만 더 깊은 산골에서 온 아이가 있었다. 학업 성
적은 상에 속했다. 그리고 착했다. 원래 착하지 않은 아이는 없
다. 그런데 문제는 서울대만 빼면 무난히 어느 국립대학에도 갈
수 있는데, 기어코 서울대가 아니면 안 가겠다고 고집을 부리는
것이었다. 그러다가 한 번 떨어지고 두 번 떨어지고 세 번째에는
예비고사에도 떨어졌다. 70년대에는 예비고사란 게 있어서 예비
고사에 합격하지 못하면 아예 대학에 갈 수가 없었다. 그 아이가
그렇게 고집을 부린 이유는 아주 간단했다. 그의 형이 서울대학
교 공대를 갔기 때문이다. 아버지는 얼마나 자랑스러웠겠는가.
그 산골에서 서울대를 갔으니. 그것도 공대에. 아버지는 큰아들
이 자랑스러운 나머지 형만큼 공부를 못하는 작은아들에게 툭하
면 "형을 보아라", "형을 보고 배워라", "너는 왜 형처럼 못하나"

라는 소리를 해댔다. 그래서 그 아이는 어떻게 해서라도 형처럼 서울대에 입학하여 아버지를 기쁘게 해드리겠다는 마음만 품고 있었다. 그런데 해가 지날수록 아버지에 대한 효심이 형을 편애하는 아버지에 대한 서운한 마음으로 변했다. 한편 담임 선생도 그 누구도 아이의 서울대 병은 고칠 수가 없었다.

나는 아이의 서울대 병보다 다른 문제에 더 관심이 많았다. 평소엔 그렇게 착한 아이가 가끔 사소한 일로 친구들에게 화를 낼 때에는 무서운 아이로 돌변하는 점이었다. 체구가 작은 탓에 주먹으로 안 되니까 몽둥이를 휘둘러대곤 했다. 원래 악한 아이는 없다. 부모가 잘못해서 착한 아이를 화나게 하고 병들게 하는 것이지. 나는 가끔 내보이는 폭력성의 문제는 내가 타일러서 될 일이 아니라고 판단했다. 그래서 겨울방학 직전에 아버지를 오라고 해서, 추천서를 써줄 터이니 방학 동안에 서울에 있는 성모병원의 한 박사에게 다녀오라고 했다. 그러나 아버지는 왜 내 아들에게 정신병원에 가라고 하느냐며 불같이 화를 내면서 가지 않겠다고 버텼다. 아무리 설명을 해도 막무가내였다.

다음 해 봄방학 때 기막힌 소식을 들었다. 아이가 밭에서 농사일을 거들다가 무슨 일로 아버지가 야단을 치자 아버지가 보는 앞에서 농약을 마시고 죽어버렸다는 것이다.

나는 동생을 형과 비교하면서 "너는 왜 형처럼 못하느냐?"고 핀잔을 주는 아버지들을 심심찮게 보았다. 그러다 두 아이가 잘못되었다. 위의 아이는 자살하고 내가 본 다른 아이는 싸움질이나 하면서 살다가 결국 칼에 맞아 죽었다. 하지만 이 아이들의 아버지들도 작은아들들을 사랑했고 형처럼 잘되기를 바랐다. 그래서 형과 비교하면서 독려하면 분발할 거라고 믿어 그렇게 했을 것이다. 형과 비교당하며 질책을 받을 때의 마음의 상처가 얼마나 큰지를 몰라서.

4   바람피우지 마라

고급 승용차를 직접 몰고 찾아온 여인은 자리에 앉자마자 딸의
이야기를 꺼냈다. 공부는 뛰어나게 잘한다고 했다. 전국모의고
사에서 100등 아래로 떨어져본 일이 없다고 했다. 문제는 마약
을 한다는 것이었다. 학교를 여러 군데 옮겼다고 했다.

"왜 저희 학교를 찾아오셨습니까?"

묻는 나에게 그녀는 이렇게 대답했다.

"저는 기독교 학교를 다녔습니다. 3학년 때 3일간 신앙 집회가
열렸는데 그때 거창고등학교 교장선생님이란 분이 설교를 하셨
습니다. 저는 여전히 예수를 믿지 않습니다만 그때 그분의 설교
가 인상적이었습니다. 요즘 그분만이 제 딸을 살릴 수 있다는 생
각이 들더군요. 그런데 알아보니 그분은 돌아가시고 그분의 아
들이 교장으로 계신다고 해서 찾아왔습니다. 부디 제 딸을 살려

주세요."

돌아가신 전영창 교장선생님의 전학에 대한 원칙 가운데 하나는, 자리가 있는 한 문제를 가진 아이나 부모가 거창고등학교에 보내기를 원하는 아이는 반드시 받는다는 것이다. 나는 마침 그 학년에 자리가 하나 있어서 전학을 받기로 했다. 여섯 번이나 학교를 옮겼으나 실패한 뒤 거창고등학교가 유일한 희망이라고 믿고 찾아왔다는데. 그것도 30여 년 전에 들었던 전영창 교장선생님의 설교가 인상적이었다는 이유로.

학교에서 아주 가까운 곳에서 하숙을 하는 조건으로 그 아이를 받았다. 마침 그 학년에 아이를 맡길 만한 좋은 담임 선생이 있었다. 나는 담임 선생에게 하숙을 구해주고 매일 저녁 8시와 10시에 두 번 방문하여 잘 지켜보라고 부탁했다. 그리고 자기 방에서 담배를 피우거나 술을 마시는 것은 허용하라고 했다. 그 아이에게 필요한 것은 담임의 관심과 성의와 배려라고 생각했기 때문이다. 해가 바뀌어 새학년이 되고 나서도 나는 새 담임에게 같은 부탁을 했다.

그렇게 해서 아이는 무난히 졸업을 했다. 그리고 워낙 공부머리가 뛰어나 서울의 명문대학에 진학했다. 한편 졸업식 전날 밤에는 사은회라는 것이 열린다. 담임이 그 아이가 보이지 않아 하숙방에 가보니 이미 맥주를 얼마나 마셨는지 여러 병이 나뒹굴고 있고, 아이는 정신없이 자고 있었다. 거창고 졸업식엔 유난히 많은 가족이 참석하는데, 자기에겐 아무도 오지 않을 것을 알고 있는 그 아이의 심경을 짐작한 나는 내버려두라고 했다.

내가 3학년 성경 수업을 맡아 가르치는 동안 그 아이는 책상에 엎드린 채 단 한 번도 얼굴을 든 일이 없었다. 그런데 몇 년 뒤 3학년 성경 시간에 그 아이와 닮았을 뿐 아니라 이름도 비슷한 학생이 있어서 물어보니 바로 그 아이의 동생이었다. 누나가 꼭 거창고등학교에 가야 한다고 해서 왔다고 말했다.

공부를 얼마나 잘하는지 대한민국에 있는 어떤 대학, 어떤 학과에도 들어갈 수 있는 아이가 있었다. 용모도 빼어났다. 활달하고 성격도 좋아 친구들에게 인기가 있었다.

그런데 이게 웬 날벼락인가? 어머니가 연하의 남자와 도망간 것이다. 그날 이후로 아이는 말이 끊기고 웃음이 사라졌다.

내가 알기로 아이의 어머니에겐 그럴 만한 사연이 있었다. 그녀는 일찍이 고등학교를 졸업하고 미용사 자격증을 따서 자그마한 미용실을 운영하고 있었다. 어느 날 한 남자가 접근해왔다. 키가 큰 미남이었다. 멋쟁이였다. 지금도 흔치 않은 백구두를 신고 옷은 언제나 말끔하게 입고 다녔다. 언변도 좋았다. 아이의 어머니는 인물과 언변에 반해 그만 결혼해버렸다. 그런데 남편은 일을 하지 않았다. 허구한 날 세수는 동네 이발소에서 한 뒤 백구두를 반짝반짝 빛나게 닦아 신고 다방에 나가 살았다. 소문에 의하면 아내를 때리기까지 한다고 했다. 나는 그 아이를 불러 "얘야, 니 엄마 그럴 만한 이유가 있지. 니가 이해해라"라고 말해주고 싶을 정도였다.

어머니는 몇 달 후에 돌아왔다.

아이는 졸업 후 거창에 있는 고등학교에 진학하지 않고 한 작은 도시에 있는 고등학교로 갔다. 이후로 아무도 그 아이에 대한 소식을 듣지 못했다. 3년 후 아이가 으레 서울대에 입학시험을 치러 올 것으로 생각하고 서울대에 입학시험을 치러 갔던 학생들에게 물어보았으나 그 아이를 보았다는 학생은 아무도 없었다. 지금까지도 그 아이의 소식을 알지 못한다.

나는 이제 서른이 넘은 그 아이가 어머니를 이해했을 것으로 믿는다. 그러나 아이가 받은 상처가 아물기까지 얼마나 오랜 시간이 걸렸을까?

다른 한 아이는 인물도 성격도 공부도 품행도 나무랄 데가 없었다. 친하게 지내는 친구들도 하나같이 모범생들이었다. 그런데도 환하게 밝은 모습을 보기가 힘들었다. 그의 아버지는 소위 바람둥이였다. 비록 하급직을 맡고 있었으나 권력기관에서 일했다. 그는 아이의 친어머니를 버리고 다른 여자와 살고 있었다. 그 여자에게서 자식들이 태어났다. 그뿐인가 하면 여기저기에서 낳은 다른 자식들도 있었다. 모두 칠 남매였다. 그 아버지의 마지막 여자는 자기 딸보다도 어린 여자아이였다. 그 아이는 졸업 후 술을 많이 마셨다. 그리고 서울에 있는 대학에 가기는 갔으나 중퇴하고 말았다. 그의 친구들 말로는 술에 중독되어 소식이 끊긴 지

오래되었다고 한다.

　지금은 보기 힘들지만 우리 윗세대 때는 시골에서 돈 좀 있고 세도도 있는 아버지들 중 그런 아버지들을 흔히 볼 수 있었다. 그런 아버지들은 다른 데서 낳은 자식들을 데려다가 본처에게 맡겨서 키웠다. 그런데 아이가 아들인 경우에는 반드시 데려오지만 딸아이는 데려오지 않았다. 우리 고향에는 그렇게 낳은 아들들이 아홉이나 있는 아버지가 있었는데, 아들들 이름은 일만에서 시작해 구만으로 끝났다. 지금은 바람피우는 아버지들이 없다는 말은 아니다. 내놓고 배다른 자식들을 여럿 두고 사는 경우는 없다는 말이다. 70년대까지는 그런 경우가 하도 많아서였는지 몰라도 그런 가정의 자식들이 모두 다 깊은 상처를 받은 것 같지는 않았다. 그런 가정 환경에도 불구하고 씩씩하게 자라는 아이들도 있었다. 그리고 돈이나 세도가 있어도 바람을 피우지 않는 아버지들은 보기가 힘들었지만, 바람을 피워도 다른 데서 아들을 낳아오지 않는 아버지들은 더러 있었다. 그런 경우에는 자식들이 그다지 영향을 받지 않는 것 같았다.

　어째서 서로 사랑해서 결혼했을 터인데 결혼했을 때의 사랑을 지켜내지 못하고 파경에 이르는지? 파경에 이르지는 않더라도 자식들에게 상처를 남겨주는지? 나는 남을 지켜보고 스스로 경험한 일을 통해 남녀 사이의 사랑에 대한 잘못된 이해가 그 원인인 것 같다는 해답을 얻었다.

첫 번째 오해는 사랑이 감정이라고 믿는 것이다.

사람은 서로 만나서 두 사람 사이에 증오를 만들어낼 수도 있고 사랑을 만들어낼 수도 있다. 사랑과 증오는 사람과 사람이 만나서 만들어내는 산물이지, 증오나 사랑이라는 게 먼저 있어서 두 사람을 사랑하게도 만들고 증오하게도 만드는 것이 아니다.

사랑은 감정이 아니라 노력의 산물이다. 피 눈물 나는 노력을 해야만 만들어낼 수 있는 노력의 산물이다. 사람과 사람 사이의 모든 사랑은 노력해야만 만들어낼 수 있다. 노력하지 않으면 있다고 믿고 있던 사랑도 깨뜨리게 된다. 노력으로 만들어내고 지켜낼 수 있는 것이 사랑이다. 특히 남녀 사이의 사랑은 단순한 감정이 아니다. 첫눈에 서로 호감이 가고 연애로 이어져 사랑하게 되어 결혼까지 이르는 경우가 많다. 그러나 결혼까지 이른 그 사랑은 둘 사이에서 만들어진 감정이 아니다. 사랑한다는 감정, 저 사람이 나를 사랑한다는 감정, 내가 저 사람을 사랑한다는 감정, 바로 그 감정 자체가 사랑인 것은 아니라는 말이다. 감정은 감정일 뿐이다. 사랑은 두 사람이 만들어내는 산물이다. 결혼 초기의 감정은 식게 되어 있다. 식지 않으면 큰일 난다. 결혼 전의 보기만 해도 좋고 안 보면 보고 싶던 그 뜨거운 감정이 식어야만 일상생활을 할 수 있다. 그 감정이 그대로 식지 않고 지속되면 사람이 살 수가 없는 법이다. 결혼 후에 결혼 전보다 더 큰 노력을 해야만 간직해갈 수 있는 것이 사랑이 주는 감정인데, 그 감정은 결혼 전과 초기의 뜨거운 감정과는 차원이 다른 감정이다. 결혼은 연애의 완성이 아니다. 연애는 결혼을 통해 새로이 시작되는 차원의 사랑으로 들어가게 된다. 결혼 생활이라는 노력을 통해 이해와 존경이 스며들어가 뜨겁기보다는 은은해진 평화로움이라고 할까? 지지고 볶는 과정을 통해 끓여낸 엄마의 된장국이라고나 할까? 여하튼 노력의 산물이다. 죽는 날까지 해야 하는 노력의 산물이다.

사랑은 아름답다고들 한다. 천만에 사랑은 아름답지도 추하지도 않다. 사랑을 아름답게 만들어 가느냐 추하게 끝나게 하느냐는 둘의 노력 여하에 달려 있다. 사랑을 더 아름다운 보석으로 만들어가기 위한 둘의 노력이 아름다운 것이다. 사랑은 강하다고들 한다. 천만에, 사랑 자체는 강하지도 약하지도 않다. 사랑을 지켜내기 위해, 사랑을 깊어지고 넓어지게 하기 위해 두 사람이 들이는 노력이 강할 뿐이다. 강한 노력이 사랑을 강하게 만든다. 사랑은 자지도 졸지도 않는 노력에 의해서만 지켜지는 유리잔과 같은 것이다.

두 번째 오해는 사랑한다는 것을 상대를 소유하는 것이라고 믿는 것이다.

이름 석 자만 대면 지금도 모를 사람이 없는, 최고의 인기를 누리던 여 탤런트가 있었다. 한 재벌의 아들이 열심히 따라다녔다. 추운 겨울에 높은 산에서 촬영을 할 때에는 밍크코트를 들고 와서 기다리고 있다가 촬영이 끝나면 곧바로 감싸주곤 했다. 그렇게 열심히 따라다니며 돌보아주는 데 감동한 탤런트는 그와 결혼했다. 그런데 신혼 초기가 지나자마자 재벌의 아들은 돌변하여 아내를 나 몰라라 했다. 집안 식구들이 그녀를 무시하고 깔보아도 아랑곳하지 않고 내버려둘 뿐만 아니라 다른 탤런트를 쫓기 시작했다. 시집의 냉대와 돌변한 남편의 바람기를 견디다 못한 그녀는 이혼을 할 수밖에 없었다.

위의 예를 극단적인 예라고 할지도 모르지만 사실은 사람에 따라 차이는 있을 뿐, 누구에게나 사랑한다는 것을 상대방을 소유하는 것으로 착각하는 면이 조금은 있다. 특히 뜻밖에도 자식에 대한 부모의 사랑에서 그러한 착각이 두드러지게 나타나는 것을 보아왔다. 그러한 부모들의 특징이 자식의 삶을 자기들이 설계하는 것이다. 13-19쪽의 〈자녀의 인생을 설계하지 마라〉를 다시 읽어보기 바란다.

부모가 태어나는 자식을 위해 있는 것이지 자식이 부모를 위해 태어나는 것이 아니다. 그런데도 적지 않은 부모가 자식이 자기를 위해 태어난 존재인 양, 자식을 자기 소유물로 여기고 자식의 행복을 자기가 설계하는 우를 범한다.

사랑은 소유가 아니라 섬김이다. 자식은 하늘이 섬기라고 준 선물이다.

미국 로스앤젤레스에 한국인 부부가 살고 있었다. 사업도 잘되어서 먹고살 만했다. 다만 결혼한 지 십여 년이 지났는데도 아이가 없는 게 문제였다. 백방으로 노력해보았지만 아이가 들어서지 않았다. 그러던 어느 날 16년 만에 아이가 들어섰다. 독실한 기독교 신자인지라 교회에 감사 헌금도 했다. 물론 주위 사람들의 축하가 이만저만이 아니었다. 부부의 기쁨은 이루 말할 수 없었다. 열심히 병원에 다니면서 정기적으로 검진을 받았다. 어떻게 들어선 아이인가.

그런데 한 넉 달쯤 뒤, 부인이 병원 검진을 받고 온 다음 날 남편이 의사에게서 전화를 받았다. 면담을 했으면 한다는 것이었다. 다음 날 남편이 병원에 갔다.

"선생님, 어제 부인에게 차마 말씀을 못 드렸습니다."

"……."

"아이가 정상이 아닙니다. 각오를 하셔야 할 것 같습니다."

"……."

의사는 장애를 가진 아이가 태어날 것이라고 말해주었다. 남편은 며칠을 아내에게 말도 못 하고 끙끙 앓았다. 그러나 언제까지나 말을 안 할 수는 없는 노릇이었다. 며칠이 지났을 때 용기를 내어, 저녁 식사 후 조용한 시간에 부인에게 사실을 말해주었다. 아무런 대꾸도 없이 아내는 사흘을 지내더니 조용히 남편을 불러 앉혔다.

"여보, 나 왜 하나님이 16년 만에 우리에게 이 아이를 주셨는지 알았어. 하나님이 이 아이를 누구에게 맡길까 하고 16년 동안 이 집 저 집 다 다녀보신 다음 우리가 제일 잘 키울 거라고 믿어 이제야 우리에게 보내신 거야."

말끝에 아내는 남편을 향해 빙긋이 웃었다.[1]

아이가 부모를 위해 태어나는 것이 아니라 태어나는 아이를 섬기기 위해 부모가 있다.

세 번째 오해는 사람과 사람이 만나 사랑하게 되는 것이 우연이라고 생각하는 것이다.

사랑은 우연이 아니다. 신이 만나게 해 준 것이다. 이를 불교에서는 인연이라고 한다. 기독교에서는 신의 섭리라고 한다. 기독교가 사랑의 섬김이라는 성격을 강조한다면 불교는 인연의 면을 강조하는 듯하다. 사람과 사람의 만남은 비록 길가다가 옷자락이 스치는 만남일지라도 3천 년 전에 정해진 일이요, 다시 옷자락이 스치려면 또 3천 년이 지나야 한다고 한다. 사람과 사람의 만남은 그렇게 소중한 것이니 함부로 하지 말라는 것이다. 더구나 부부는 전생에 원수였다고 한다. 부처님이 전생의 업보를 사랑으로 깨뜨리라고 원수를 부부로 만나게 했다는 것이다. 이렇듯 사람과 사람의 만남은, 서로 사랑하라는 하나님/부처님의 뜻이다.[2]

젊은 부부가 처음부터 완전한 사랑을 할 수는 없다. 그러나 성숙해가는 사랑을 할 수 있다. 30대에는 20대보다, 40대에는 30대보다 성숙한 사랑을 해야 한다. 그래서 한 50대가 되면 서로 눈빛만 보아도 사랑한다는 것을 느낄 수 있어야 한다. 나는 육십이 훨씬 넘어서야 그렇게 되었다.

엄마와 아빠의 사랑이 성숙해가는 모습을 보고 자라는 아이가 참으로 행복한 아이다. 그 아이는 잘못되려야 잘못될 수가 없다.

5 자녀를 부끄럽게
생각하지 마라

언젠가 미국 유학까지 다녀온 엘리트 부모의 외동아들이 아버지를 살해한 사건이 있었다. 전문가라는 박사들이 TV에 나와 그 '천인공노할' 사건이 왜 일어났는지를 설명하며 윤리와 도덕이 땅에 떨어졌다고 개탄했다. 한 철학교수는 방송에 나와 우리나라의 사회도덕이 타락하고 교육이 잘못되어서 그런 아이가 나왔다고 역설했다. 서울대의 저명한 철학교수이자 독실한 기독교인으로 알려진 한 교수는 그런 사건을 사회 교육의 환경 탓으로 돌리면 안 된다고 강변했다. 죄는 인간 하나하나가 신과의 관계에서 책임져야 할 문제라고 주장했다.

그런데 나는, 유학시절 그 아버지와 미국에서 한 동네에 살면서 가까이 지낸 교수를 만난 적이 있다. 그에게서 놀라운 이야기를 들었다. 그는 그 집에 자주 초대받아 갔는데 손님이 오면 아버지가 아들을 방에서 나오지 못하게 했다. 공부를 못해 2년제 전문대학에 다니는 것이 부끄러워서. 그리고 말끝마다 그 아들을 못난 놈이라고 말했다. 그래서 그는 저러다가는 언젠가 큰 사고가 날 터인데, 하고 생각했다. 그러다 그 부모는 유학을 마치고 돌아갔다. 교수는 남아서 공부를 하고 있었다. 그런데 어느 날 한국에서 존속살인 사건이 났다는 소문을 듣고 신문을 보았다. 놀랍게도 피해자는 바로 그 아버지였다.

나는 교수에게서 이야기를 들으며 두 아이가 생각났다.

서울대를 나온 엘리트 부부가 있었다. 남편의 형제들도, 아내의 형제들도 모두 서울대를 나온 수재 집안이었다. 사촌 형들도 대부분 서울대에 다녔다. 남편은 신문 기자였고, 민주화 운동권에서 널리 알려져 존경받는 사람이었다. 아내는 대기업의 중견 간부로 남편보다도 수입이 훨씬 많았다. 자식은 아들 하나였다. 그리고 그 아이는 공부를 잘하는 편이었다. 고려대는 충분히 갈 수 있는 성적이었으니까. 문제는 부모에게 있었다. 특히 아버지는 아들이 꼭 서울대를 다니길 원했다. 그러나 한 번 떨어지고 두 번 떨어지고 여섯 번을 떨어졌다. 학원비 걱정을 할 필요가 없는지라 칠수나 한 후에 어머니가 우겨서 고려대에 원서를 내고 합격을 했다. 그런데 아버지가 고집을 부려 고려대에 등록만 시켜놓고 다시 재수를 하게 했다. 아들은 다음 해에 서울대를 노렸으나 결과는 마찬가지였다. 나중에 안 일이지만 그 아이는 고려대를 다니다 그만두고 미국으로 유학을 갔다고 한다. 그 후로는 소식을 모른다.

아버지는 서울대를 나온 변호사이고 어머니는 서울에 있는 대학을 나왔다. 어머니는 집에서 살림을 하는 전업 주부였다. 아들 하나, 딸 하나. 아들은 공부를 제법 잘해 좋은 대학교를 나와 대기업에 들어갔다. 딸도 공부를 아주 못하지는 않았지만 아들만 못했다. 어머니가 문제였다. 서울에 있는 사람들이 말하는 좋은 여자 대학교에 보내야 했다. 그런데 재수, 삼수를 해도 실패였다. 어머니는 아버지의 반대를 무릅쓰고 딸을 미국으로 보냈다. 딸은 미국의 한 대학교에서 2년간 영어공부를 마치고, 소도시에 있는 대학교에 들어가 영어를 전공했다. 그런데도 어머니는 딸이 자랑스럽지 못했다. 미국에서도 이름 있는 대학을 나왔어야 했는데 그러하지 못했기 때문이다. 그래서 딸을 국내로 불러들이지 않았다. 그 딸은 지금도 미국에서 일정한 직업 없이 이 직장 저 직장을 다니며 혼자 살고 있다. 집에 연락도 안 하고. 벌써 쉰이 넘었을 텐데.

나는 많은 아버지와 어머니가 만나는 사람마다 자식들 가운데 소위 잘 나간다는 자식 이야기를 하는 한편으로 그렇지 못한 자식 이야기는 꺼내지 않는 광경을 자주 본다. 그런 부모를 만나면 학창 시절 공부를 잘 못했던 자녀에게 어떠했을지를 생각해보게 된다.

6 　재혼한 경우 배우자의 자녀를 불편하게 여기지 마라

2학년 담임이었을 때 한 아이가 전학을 왔다. 그야말로 미소년이었다. 축구를 얼마나 잘하는지 전학을 오지 않았더라면 청소년 축구 대표팀 선수로 발탁될 아이였다. 서울에서 함께 축구를 하던 친구들은 청소년 축구 대표팀의 선수로 발탁되었다. 성적도 상위권에 속했다. 그런 아이가 전학을 왔다. 전에 다니던 학교에서 무슨 잘못을 저지른 것도 아닌데. 예의도 바르고 나무랄 데 없는 아이였다. 교칙을 어기는 일도 없고 착실하고 친구들에게도 인기가 있고. 다만 웃는 모습을 볼 수 없는 것이 마음에 걸렸다.

　잘 웃는 일이 없었지만 딱히 문제가 될 건 없었다.

　그런데 다른 문제가 하나 있었다. 지각이 잦은 것이다. 거의 매일 지각을 했다. 결석은 안 했다. 그냥 지각이다. 꼭 5,6분. 많아야 10분. 하루는 불러서 약속을 했다. 한 번 지각하면 종아리 한

대. 두 번째 지각 때는 두 대. 세 번째에는 네 대……. 며칠 동안 지각을 안 했다. 그러다 지각을 했다. 약속대로 종아리 한 대. 그 뒤 또 지각. 종아리 두 대. 며칠 뒤 또 지각. 종아리 네 대. 또 며칠 못 가고 지각. 약속대로 종아리를 때리자면 여덟 대다. 종아리 맞기는 지각을 막자고 한 것이지 아이의 종아리를 절단내자고 한 것이 아니다. 여덟 대나 때릴 수가 없었다. 다음에는 열여섯 대일 테니까. 어떻게 할지 궁리 끝에 묘수라고 생각해낸 것이 그 아이를 내 반에서 퇴반시키는 것이었다. 당시 거창고등학교에는 한 학년에 두 반이 있었다. 나는 2반 담임이었다. 그 아이를 불렀다.

"야, ○○아, 내가 교장이라면 너를 퇴학시키거나 전학을 가라고 할 수가 있는데, 나는 교장이 아니다."

"……."

"너도 알지. 지각 세 번이면 결석 한 번. 알잖아. 그런데 이렇게 지각을 하다 보면 나중에 결석일이 많아져서 진급을 못 하게 돼."

"……."

"이렇게 하자. 내가 너를 퇴학시킬 수는 없으니 우리 반에서 퇴반을 시킨다. 그러니 1반 담임 선생님을 찾아가 1반에 넣어 달라고 하든지 알아서 해라."

나는 아이가 다시는 지각을 하지 않겠다고 다짐을 하며 사정사정하는 것을 거절하고 퇴반을 명했다.

물론 그 아이는 1반 담임 선생님을 찾아갔다. 그러나 내 속셈을 알고 있는 그가 자기 반에 받아줄 리가 없었다. 그 후 아이는 지각은 안 했다. 내가 조회를 할 때는 밖에 숨어 있다가 교실에 들어와 수업을 듣고 종례 시간엔 다시 나가서 내 눈에 띄지 않게 했다. 나는 물론 알면서도 모르는 척했다. 그렇게 숨바꼭질이 며칠 계속되었다. 그러던 어느 날 밤 내 숙소로 아이가 찾아왔다.

우리는 방이 좁아 밖에 있는 작은 둔덕에 나가 앉았다. 뜻밖에도 그가 꺼낸 말은 다시는 지각을 안 하겠으니 용서해 달라는 이야기가 아니었다.

"선생님, 저 어쩌면 좋아요?"
그는 말끝을 흐리며 훌쩍거렸다.
"……."
"저는요, 아버지가 둘이고 어머니도 둘이라요."
"……."

그 아이의 이야기는 이러했다.

그의 할머니는 유명한 관광지에서 상점과 여관을 운영했다. 그 관광지에서는 제일 큰 상점이었다. 일찍이 남편을 먼저 보낸 할머니에겐 자식이라곤 달랑 딸 하나. 재산을 물려줄 아들이 없었다. 그래서 수소문 끝에 읍에서 공부를 제일 잘한다는 고등학생을 데릴사위로 맞았다. 그가 아이의 아버지였다. 공부는 뛰어나게 잘했으나 집안이 너무도 가난하여 대학에 진학할 엄두를 못 내고 있던 그의 아버지는 열심히 공부하여 서울에 있는 명문 대학에 들어갔다. 대학을 졸업한 뒤에는 행정고시에 합격하여 정부의 한 부처에 들어갔다. 그 후 승진하여 과장이 되었다. 그런데 명문대학을 나온 아버지는 초등학교밖에 못 나온 그의 어머니가 흡족하지 못했다. 그래서 그는 어머니를 버리고 서울의 명문여대를 나온 여자와 재혼을 했다. 그리고 아들을 어려서부터 서울에 데려다 공부를 시키던 그는 재혼을 한 다음부터 그 아들을 불편해했다. 그래서 방학 때마다 용돈을 두둑이 주어서 시골에 있는 어머니에게 보냈다. 어머니도 방학 때 온 아들이 불편했다. 첫 남편에게 배신을 당한 어머니는 결혼은 하지 않았지만 다른 남자를 만나 함께 살고 있었기 때문이다. 어머니는 아들에게 용돈을 두둑이 주면서 아버지에게 가라고 했다.

"제 용돈이 선생님 월급보다 많을걸요."

이야기를 듣다가 나는 방에 들어가 수건을 두 개 가지고 나와 저 하나 주고 나도 하나 가졌다. 눈물을 닦아가며 이야기를 들어야 했다. 이야기를 마친 그는,

"선생님, 저 어쩌면 좋아요?" 하고 소리 내어 펑펑 울었다.

그저 그 아이를 안고 같이 울었을 뿐이다. 내가 무슨 말로 위로할 수 있었겠는가?

대학을 졸업하자마자 나를 찾아온 그는 이민을 간다고 했다.

이민을 가서도 축구를 잘하는지라 그곳의 축구팀을 이끌고 가을 전국체육대회에 참가하곤 했다. 그는 어느 해 가을 국체에 참가했다가 나에게 인사하러 왔다. 재학 시절에도 웃는 얼굴을 볼 수 없었던 그의 표정이 더욱 슬퍼 보여서, 이야기 도중 물었다.

"니 무슨 일 있나?"

"지 오늘 ○○이 결혼식에 다녀오는 길이라예……."

재학 시절 서로 좋아했던 여자아이가 그날 결혼했다. 그야말로 〈나 당신의 결혼식에 갔네I went to your wedding〉였다. 그 여자아이는 예수를 독실히 믿는다는 장로의 딸이었다. 그런데 그쪽에서 그가 집안이 좋지 않다는 이유로 결혼을 허락지 않아 둘은 헤어질 수밖에 없었다. 나는 그날 그의 슬픈 눈이 지금도 선하다.

슬픈 눈은 타고 나는 것이 아니다. 만들어지는 것이다.

7 권력을 사적으로 쓰지 마라

당시 시골에선 신문기자의 세도가 대단했다. 유행했던 유명한 풍자 이야기가 있다.

순사하고 신문기자하고 기생하고 셋이서 술을 먹고 나면 누가 돈을 내나? 답은 기생이다.

술집에선 순사하고 기자한테는 돈을 못 받는다는 풍자였을 것이다. 가히 기자가 무관의 제왕이었던 시절이다.

기자들 가운데에서도 '갑질'로 소문난 기자의 아이가 있었다. 당시 남자아이들 사이에서는 말다툼이 툭하면 싸움으로 이어졌다. 하지만 그러한 싸움은 그리 대수롭지 않게 여겨지고 싸우고 난 다음에는 서로 더 친해지던 시절이었다. 그 기자의 아이는 성격이 순했다. 하지만 싸우는 일이 한 번도 없을 수 있으랴. 어느 날 그 아이가 복도에서 다른 아이와 싸우는 모습을 지나가던 생활지도 선생님이 보았다. 선생님은 당연히 둘을 교무실에 데리고 와서 왜 싸우게 되었는지를 알아본 뒤, 그다지 문제가 될 일이 아니라고 판단하여 다시는 싸우지 말라고 타일러서 보냈다.

며칠 뒤였다. 학생들이 한창 등교하고 있는 시간에 그 아이의 아버지가 학교에 나타나 한 선생님을 붙들고 자기 아이와 싸웠던 아이를 불러내라고 했다. 가만두지 않겠다면서. 그 선생님은 침착하게 아버지를 잘 타일러서 돌려보냈다.

그의 아들은 성격이 온순하고 활달해 친구관계도 좋았다. 그러니 집에 가서 아버지에게 싸운 이야기를 했을 리가 없었다. 더군다나 며칠 지나서. 아버지는 좁은 시골이라 아마 이 사람 저 사람 거쳐서 자기 아들이 누구누구의 아들하고 싸웠다는 이야기, 또 소문의 속성상 과장되고 왜곡된 이야기를 들었을 것이다. 그 아이는 친구들 보기에 창피해서 견딜 수가 없었다. 그날 아이가 집에 가서 아버지에게 막 대들었다는 이야기를 들었다. 아이는 그 일이 있은 후 상당히 오랫동안 친구들의 멸시에 가까운 차가운 시선을 느껴야 했다.

어느 날 교장실에서 웬 여자의 고함이 들려왔다. 가만히 들어보니 아는 어머니였다. 지도부 선생님이 자기 아들을 야단을 치기만 한 것이 아니라 때렸다는 것이다. 어떻게 기독교 학교에서 아이를 때릴 수 있느냐고 고래고래 소리를 지르고 있었다.

그녀의 남편은 군청의 과장이었다. 당시 군청의 과장은 시골의 장관이었다. 군수가 시골의 대통령이라고 치면. 그런데 그 과장은 착하디착한 사람이었다. 나는 그렇게 착한 과장을 본 일이 없다. 그런데 부인은 시골의 장관급을 넘어 대통령급으로 소문난 여자였다.

나는 며칠 전 그 아이가 지도부 선생님에게 불려와 야단맞는 모습을 보았다. 상당히 큰 잘못이었다. 담배를 피우다 들켰던 것이다. 당시 흡연에 대한 처벌은 정학이었다. 하지만 그 선생님은 "이번이 처음이니까"라며 종아리를 맞는 것으로 대신 하겠느냐고 물었다. 아이는 그렇게 해주시면 고맙겠다고 하며 종아리를 맞았다.

그러니 아이가 집에 가서 그 일을 말했을 리가 없다. 자기가 담배 피운 이야기를 했을 리가 만무하다. 그 어머니는 여러 날 지나서 누군가에게서 자기 아들이 모 선생님에게 맞았다는 이야기를 들었을 것이다. 그런 이야기를 전해준 어머니가 누구인지도 어느 정도 짐작이 갔다. 그 아이의 같은 반 친구의 어머니다. 그 친구의 어머니도 제법 치맛바람이 세다고 소문이 난 사람이었다. 게다가 두 어머니가 아주 절친하다는 것은 누구나 다 아는 사실이었다.

문제의 아이는 온순하고 성격이 매우 여린 아이였다. 작은 학교인지라 그의 어머니가 학교에 와서, 그것도 교장실에 들어가 행패(?)를 부렸다는 소문이 학생들 사이에 퍼졌다.

결국 그 아이는 졸업을 못 하고 다른 학교로 전학을 갔다.

힘이란 무엇인가?

모든 세상사에는 관계가 있다. 관계는 대부분 갑과 을로 되어 있다. 그때 갑이 가지고 있는 것을 힘이라 한다.

덤프트럭을 여러 대 가진 사장에게서 들은 이야기다. 포크레인 기사가 돌을 실을 때 좀 높이 들어 트럭에 떨어뜨리면 트럭의 샤프트가 상하기 쉽다. 한 번에 샤프트가 부러지지는 않겠지만 여러 번 그렇게 하면 샤프트가 쉬 망가진다. 그래서 덤프트럭 운전사는 포크레인 기사에게 가끔 담배를 사주곤 한다고 했다. 덤프트럭 운전사에게 포크레인 기사는 갑이 된다. 이렇게 사회는 여러 가지 갑과 을의 관계로 이루어져 있다. 장사하는 사람에게는 고객이 갑이다. 세무공무원은 더 큰 갑이다. 대리점을 하는 사람에게는 본사가 갑이다. 환자에게는 의사가 갑이다. 학부형에게는 교사가 갑이다. 신도들에게는 성직자가 갑이다. 운전자에게는 교통순경이 갑이다. 골프장의 부킹을 담당하는 사람은 한때 골퍼들에게 대단한 갑이었다. 관료들이 고대 사회 때부터 백성들 위에 갑으로 군림해올 수 있었던 것은 그들이 가진 권력 덕분이었다. 하물며 관료 가운데에서도 포도청 나으리는 백성들에게 가장 무서운 갑이었다. 지금도 판사나 검사가 갑인 이유는 국가가 그들에게 부여한 권한 때문이다. 인간 사회는 관계로 이루어진 조직체이기 때문에 인간은 힘을 제일 동경한다. 그리고 그것이 인간의 본성이다.

민주주의는 이 갑과 을의 관계를 뒤바꾸자는 제도이다. 그런데 그 민주주의 제도 아래에서도 벼슬을 하고 싶어 하는 사람들이 얼마나 많은지. 지방선거를 할 때면 수십 명의 후보자들이 출마를 해서 누가 누구인지를 알기가 쉽지 않다. 거창에 사는 나는 그 수많은 출마자 가운데 참으로 군민을 섬기겠다는 마음으로 나선 사람을 보지 못했다. 본인들이 들으면 서운해도 상관없다. 모두 관직이 주는 힘을 가지고 싶은 열망에 차 있을 뿐이다. 다른 지역에서는 다르기를 바란다. 아직도 우리 대한민국이 가야 할 민주주의의 길은 멀다. 민주주의는 갑이 을을 섬길 때 완성된다.

돈의 힘, 권력의 힘, 명예의 힘, 이 세 가지 힘이 합쳐진 사회가 가장 비민주적인 사회이다. 돈을 가진 사람이 권력까지 가지면, 역으로 권력을 가진 사람이 돈까지 가지면 그 사회는 시민들이 살기 어려운 사회가 된다. 명예를 가진 사람이 권력이나 돈까지 가지게 되는 사회에는 경제적 평등이 자리 잡기 어렵다. 권력과 돈과 명예는 분리되어야 한다. 그렇게 분리된 사회가 우리가 지향해야 할 사회이다.

그런데 아직 우리 사회는 그런 사회로 가는 역사의 길 위에 있을 뿐 가야 할 길이 멀다. 그래서 부모들은 자식들이 힘을 가지기를 원한다. 또 생각이 모자라는 부모들은 작은 힘이나마 가지고 있으면 그 힘을 자식들까지 즐기기를 바란다. 모 항공회사의 회장 가족들의 '갑질' 이야기는 비단 그 집안만의 일이 아니다. 나는 41년간의 교사 생활에서 조그마한 힘을 가진 부모들이 그 힘을 가지고 '갑질'하는 것을 수없이 보아왔다. 다행인 것은 내가 처음 교사 생활을 시작했을 때보다 많이 줄었다는 사실이다.

참된 행복이 무엇인지를 모르는 부모들은 아이들이 힘을 가지기를 원하여 아이들을 어릴 때부터 강하게 키워야 한다고 생각한다. 그래서 자기 아이가 친구들과 놀다가 다치거나 혹은 맞고 들어오면,

"야, 왜 바보같이 맞고 다녀? 너도 한 대 때려주지."

또는,

"야, 바보야, 한 대 맞으면 너는 두 대, 세 대 때려줘."

라고 가르친다.

그런 부모들에게 해주고 싶은 말이 있다.

첫째, 맞고온 자녀에게 상대방을 때리라고 가르치지 마라.

둘째, 메이커 옷을 입히지 마라.

셋째, 처음부터 예스·노를 분명히 해라.

첫째를 지키지 않으면 아이들이 힘에 대해 잘못된 생각을 가질 가능성이 있다. 힘은 섬기는 데 써야 한다. 맞고도 같이 때리고 싶은 마음을 꾹 누르고 불끈 쥐었던 주먹을 푸는 것이 진정한 힘이다.

둘째를 지키지 않으면 겉이 속을 결정한다는 생각을 가지게 할 가능성이 있다. 속이 겉을 결정한다. 즉 인격이 삶을 결정한

다. 남이 나를 어떻게 보느냐가 나를 결정하는 게 아니라 내가 어떤 인격의 사람이냐가 나를 결정한다. 남이 뭐라고 해도 상관하지 않고 제 가야 할 길을 가는 것이 참 힘이다. 인격의 힘이 참 힘이다.

셋째를 실천하지 않으면 조르면 안 되는 것도 될 수 있다는 생각을 길러줄 가능성이 있다. 어려서부터 안 되는 것은 안 된다는 생각을 길러주어야 한다. 해야 할 일은 목에 칼이 들어와도 해야 하고 해서는 안 되는 일은 굶어 죽어도 안 해야 한다. 그것이 참된 힘이다.

참 힘만이 정의와 사랑의 길을 가게 한다.

조그마한 힘이나마 가지고 있는 부모들은 그 힘을 다른 사람들을 섬기는 데 쓰는 모습을 자식들에게 보여주어야 한다. 가진 힘을, 힘을 가지지 못한 사람을 섬기는 데 쓰는 부모가 되어야 한다. 그러한 모습을 보고 자라는 아이는 참으로 행복한 아이다.

8 종교인은
제대로 알고 믿어라

아내가 임종을 앞둔 병실에 예수를 독실히 믿는다고 자처하는 장로 부부가 문병차 왔다. 부부 중 남편이 아내의 머리에 손을 얹고 기도를 했다. 기도의 내용인즉슨 하나님에겐 못 고칠 병이 없으니 집사람의 병을 고칠 수 있다, 그러니 고쳐 달라는 것이었다. 거기까지는 좋았다. 그가 고쳐주리라 믿는 것을 내가 어찌하랴. 담당 의사는 이삼일 남았다고 했다. 나는 아내가 너무 아파서 아내의 고통을 내가 대신할 수 없느냐고 기도하고 있었다.

그런데 황당한 것은 기도가 끝난 뒤에 그 장로가 한 말이었다. 자기가 잘 아는, 신유神癒의 은사를 받은 장로가 있는데 기도를 받으면 죽을병을 고치기도 한다는 것이었다. 한 번 받는데 80만 원인데 자기가 부탁하면 20만 원에 받을 수 있다고 했다.

나는 이렇게 거절했다.

"하나님은 우리를 가장 필요한 곳에 가장 정확한 때에 보내시고 가장 정확한 때에 불러 가신다."

나는 믿고 기도만 하면 모든 병이 낫는다고 하는 광신자들을 많이 보아왔다.

1973년 농장에서 기거할 때였다. 할머니가 위암에 걸리셨다. 의사의 판단으로는 며칠 남지 않았다고 했다.

저녁에 농장에 올라가기 전에 할머니를 뵙고 가려고 집에 들렀더니 자칭 신유의 은사를 받았다는 권사가 와서 할머니의 이마에 손을 얹고 기도를 하고 있었다. 어느 교단, 어느 교회에서 권사직을 받았는지는 아무도 몰랐다. 기도의 내용은 앞의 장로와 비슷했다. 하나 다른 것은 먼저 죄를 회개하고 믿으면 그 즉시 병이 낫는다는 것이었다. 그런데 병이 낫지 않는 것은 우리 할머니가 하나님의 능력을 믿지 않을 뿐 아니라 회개를 하지 않아서란다.

"죄를 회개하시오, 죄를 회개하고 믿으시오."

'죄의 회개'와 '믿으라'를 연발하고 있었다. 나는 그 권사라는 기독교인의 기도를 중단시키고 내보냈다.

그러고는 할머니와 어머니에게 말씀드렸다.

"성경을 보면 예수님께서 먼저 병을 고쳐주신 다음 다시는 죄 짓지 말라고 회개를 촉구하신 이야기는 있습니다. 그러나 죄를 회개해야 병이 낫는다는 말씀은 없습니다. 또 기도만 하면 병이 낫는다고 말씀하신 부분도 없습니다. 더구나 병이 나을 것을 믿어야만 낫는다는 말씀도 없습니다. 나아만 장군 이야기* 아시지요. 나아만이 어디 믿어서 나병이 나았습니까?"

할머니와 어머니 두 분 다 성경을 잘 아시는 분이라 나아만 장군 이야기를 듣자마자 고개를 끄덕이시며 그 권사의 기도가 틀렸다는 것을 깨달으셨다.

내가 만나본 광신자들은 하나같이 성경에 대해 무지한 사람들이었다. 그런데 이상하게도 광신자의 자녀들 가운데 많은 아이가 부모들의 불합리한 신앙을 보고 바른 신앙을 찾아간다. 겉으로 보기에 광신자가 아닌 독실한 기독교 교인들 가운데 많은 사람이, 성경을 오해하고 있으면서 오해하고 있는지를 모르고, 나름대로 기독교 신앙에 따른 삶을 산다고 자부한다. 그런데 내가 본 바로는 그러한 기독교 신앙인들이 광신자들보다 더 심각한 문제를 안고 있다. 그들은 누구의 말도 듣지 않는다. 자기들이 정

---

* 고대 시리아 군의 총사령관인 나아만 장군이 나병에 걸렸다. 이스라엘에서 포로로 잡아온 하녀가 이스라엘의 사마리아에 엘리사라는 하나님의 사람이 있는데, 그는 나병도 고칠 수 있다고 했다. 그는 하녀의 말을 듣고 엘리사를 찾아갔다. 엘리사는 나아만이 찾아왔다는 말을 듣고 사환을 시켜 "요단강으로 가서 몸을 일곱 번 씻으면 나병이 깨끗하게 나을 것"이라고 전했다. 나아만은 대국의 총사령관이 왔는데도 나와 보지도 않고 사환을 시켜 그렇게 전한 엘리사의 태도에 화가 났다.
그는 "적어도 엘리사가 직접 나와서 정중히 나를 맞이하고, 주 하나님의 이름을 부르며 상처 위에 손을 얹고 나병을 고쳐주어야 도리가 아닌가?" 하고 말했다. 그리고 자기 나라에 있는 더 크고 깨끗한 강들의 이름을 대며, "강에서 씻으려면 거기에서 씻으면 될 것 아닌가? 우리나라의 강물에서는 나병이 씻기지 않는다는 말이야?"라고 불평하며 떠나갔다. 그러나 부하들이 "장군님, 그 예언자가 이보다 더 한 일을 하라고 했다면 하지 않으셨겠습니까? 다만 몸이나 씻으라는데, 그러면 깨끗해진다는데, 그까짓 거 한번 해보시지요"라고 설득하자 요단강에 가서 몸을 일곱 번 씻었더니 나병이 깨끗하게 나았다.

통 신앙을 갖고 있다고 믿기 때문이다. 고정된 정통이 없다는 사실을 모른다. 신학은 계속 발전해왔고 발전해야 한다. 그런데 그들은 자신들이 믿고 있는 교리가 정통이기 때문에 변하면 안 된다고 믿고 있다. 그러니 누가 무슨 말을 해도 자기가 믿고 있는 교리와 다르면 귀를 막는다. 그러니 그들의 신앙은 완고해질 뿐 성숙이 불가능하다. 그들의 자녀들이 거창고등학교에 와서 겪는 혼란과 회의와 갈등을 지켜보면서, 믿으려면 제대로 알고 믿어야 한다는 생각이 깊어졌다. 알고 믿는다는 말은 스스로 성경을 연구해야 한다는 말이다. 알고 믿는다는 말은 스스로 연구한 성경대로 살아보아야 한다는 말이다. 살아보면 자기가 믿고 있던 성경의 가르침과 실제 삶에서 부딪치는 일이 모순되는 경우를 발견할 때가 있다. 그러면 그때 성경을 다시 읽고 연구해본다. 그 것을 행독이라고 한다. 성경 읽기에는 다독, 정독, 심독과 삶으로 읽는 행독이 있다. 어느 종교이든 신앙이란 '다독→정독→심독→행독→정독→심독→행독'을 통해 인격이 섬기는 대상의 삶을 닮아가는 과정이다.

기독교 신앙으로 살아간다는 것은 자신의 삶을 통해 자신이 닮아가는 예수의 모습을 보여주는 것이다.

예수는 황제는 신의 아들이니 절대 복종하라고 강제한 로마 황제 숭배종교의 거짓과 악마성을 폭로했다. 로마의 평화는 가짜, 악마의 평화이다. 로마의 정의는 가짜, 악마의 정의이다. 참 평화는 사랑과 정의로 만드는 평화이다. 평화는 십자가의 길을 감으로 만드는 것이다. 내가 먼저 그 길을 가니 너희도 나를 따라 각자 자기에게 맡겨진 십자가의 길을 가라. 이 명령에 복종하는 것이 예수를 믿는 것이다. 그것이 거창고등학회가 믿는 기독교 신앙의 핵이다. 이것이 직업선택의 십계의 마지막 계명이다.

왕관이 아니라 단두대가 기다리고 있는 곳으로 가라.

"No Cross, No Crown."[3]

그런데 어떤 부모들은 예수의 참 모습을 자녀들에게 보여주기는커녕 오히려 세속적으로 이해된 예수의 모습—예수 믿으면 살아서 복 받고 죽어서 천당 간다는—을 보여주어, 자녀들이 올바른 기독교 신앙인으로 성장해가는 데 방해물이 된다. 부모들의 신앙을 무비판적으로 받아들인 자녀들은 부모들과 같은 삶을 살아간다. 또 어떤 아이들은 혼란을 겪는다. 학교의 가르침이 옳은지, 부모의 가르침이 옳은지. 심지어 기독교를 떠나는 아이도 보았다.

종교인은 자기가 믿는 종교의 핵심을 알아가야 한다. 그 핵심을 알아가는 과정을 신앙이라고 한다.

신앙은 심리적 확신이 아니다.

수많은 사람이 얼마나 오랫동안 지구는 네모나고 태양이 지구의 둘레를 돌고 있다고 믿었는가? 수많은 사람들이 수천 년 동안 믿어왔다고 해도 천동설이 진리가 아닌 것처럼 신앙이란 심리적 확신이 아니다.

신앙은 ○○○설이나 ○○○론이 아니다.

무슨 론이나 설을 믿는 것이 아니다. 설은 무엇인가를 설명하는 이론이다. 그 이론을 믿는 것은 신앙이 아니다.

한편, 신앙에 대한 이론 자체는 맞을 수도 있고 틀릴 수도 있다. 이론은 발전해야 한다. 발전해오고 있다. 학문의 이론이든 신앙에 대한 이론이든 이론은 발전해왔다. 발전하는 데에 이론의 생명성이 있다. 그런데 종교인들은 자기들이 속해 있는 종교 집단/교단의 이론을 절대 진리, 곧 발전해서는 안 되는 진리라고 믿는 경향이 있다. 발전하지 않아야 하는 진리라면 '신학'이라는 학문이 필요가 없는데 말이다.

신앙은 종교적 의식이 아니다.

종교적 의식은 언어로 설명할 수 없는 어떤 심오한 것을 만나게 도와주는 행위이다. 종교 의식들이 진지하게 행해져야 하는 이유가 거기에 있다. 신앙인은 진지한 의식을 통해 신의 임재臨在를 경험할 수도 있다. 신과 대화할 수도 있다. 그러나 의식 자체가 신앙은 아니다.

신앙은 종교적 업적이 아니다.

교회에 헌금을 많이 한다든지 전도를 많이 해서 교인 수를 늘린다든지……. 그렇게 수나 양으로 계산할 수 있는 것이 아니다. 교회에 꾸준히 출석하는 것, 교회의 일을 열심히 하는 것도 그 자체로는 신앙이 아니다.

신앙은 그 종교가 신앙의 대상으로 섬기는 분을 알아가는 과정이다. 그리고 안 만큼 살아내는 과정이다. 그래서 신앙은 진리를 향한 여행이기도 하다. 부처님을 알고 부처님의 삶과 가르침대로 살아내는 길이다. 예수님을 알고 예수님의 삶과 가르침대로 살아내는 길이다. 그래서 신앙의 길은 부처를 닮아가고 예수를 닮아가는 길이다.

나는 기독교인이기 때문에 내가 보아온 기독교인 학부형들 이야기만 하겠다. 너무도 많은 기독교인 학부형이 예수를 다 알아버렸다. 그래서 더 알아야 할 것이 없다. 더 알아야 할 필요가 없다. 그러다 보니 자기가 알고 있는 예수와 좀 다른 예수를 알고 있는 사람은 이단이거나, 이단은 아니더라도 자기보다는 천당에 갈 가능성이 적은 사람으로 여기고 있다. 나는 그러한 기독교인 학부형들이 자녀들에게 끼치는 영향이 긍정적인 면보다는 부정적인 면이 더 큰 것을 보아왔다. 부모들의 신앙을 무비판적으로 물려받아 예수를 알아가려는 노력은 하지 않고 자기가 속한 교단이 다른 교단에 비해 정통성을 가지고 있다는 허위 우월감에 사로잡혀 살아가는 아이들이 많다. 부모들의 신앙에 회의를 품고 고민하는 아이들도 보았다. 심지어 앞서 말한 대로 아예 기독교를 떠나버리는 경우도 심심치 않게 보았다.
종교를 믿는다면 마음과 이성과 가슴과 목숨을 바쳐서 자기가 믿는 신앙의 대상을 닮아가는 모습을 자녀에게 보여주어야 한다. 완전한 신앙을 보여주어야 하는 것이 아니다. 완전한 신앙을 과연 누가 보여줄 수 있다는 말인가? 그러나 신앙이 깊어지고 넓어지고 높아져가는 모습은 보여줄 수 있다.

불교 신도를 부모로 둔 경우도 마찬가지였다. 내가 기독교인이기 때문에 불교 신자의 자녀들의 이야기는 하지 않겠다.

아무 종교도 갖지 않은 사람도 마찬가지다. 무신론자는 신이 없으니까 자기 하고 싶은 대로 하고 사는 사람이 아니다. 그건 동물이다. 참 무신론자는 신이 있다면 그 신이 원하는 세상은 이런 세상일 것이다, 그러니 없는 신 대신 내가 그런 세상을 만들기 위해 내 삶을 바쳐 살자, 하고 다짐하며 혼신의 힘을 다해―신의 도움을 받을 수 없으니까―사는 사람이다. 무신론자는 신이 있다면 그 신이 살아야 한다고 믿는 삶의 모습을 자녀들에게 보여주어야 한다. 참 무신론자의 모습을. 그것도 성숙해가는 무신론자의 모습을.

9   가정의 경제를
       책임져라

아침에 다른 아이들보다 좀 일찍 학교에 와서 교장실 청소를 하고 수업료를 면제받아 공부를 하던 아이가 있었다. 인물이 빼어났다. 어머니, 아버지가 모두 미남미녀였다. 그 아이만큼 공부를 죽어라고 하는 아이를 본 적이 별로 없다. 중학교 시절 한 집에 일 년 넘게 함께 세 들어 산 적이 있는 또래가, 그 아이에 대한 기억은 공부하는 모습밖에 없다고 했다. 나는 그 아이가 웃는 것을 본 기억이 없다. 지금도 내 기억에 남아 있는 아이의 얼굴은 어두운 얼굴이다.

아버지는 직업을 가져본 적이 없었다. 평생 돈을 벌어온 적이 없었다. 그는 아주 유복한 집안에서 태어나 도시에 있는 고등학교에 보내졌다. 그런데 공부를 싫어해 대학을 가지 않고 거창에 돌아와 그야말로 놀고먹고 살았다. 아침 먹고 나면 낮에는 다방에서 살고 해가 지면 술집에서 살았다. 돈을 펑펑 쓰니 당시 레지라고 부르던 다방 아가씨들과 술집 여인들에게 인기 최고였다.

그 아이가 고등학교에 진학했을 때는 물려받은 재산을 다 날리고 집까지 팔아먹었다. 가족은 남의 집 셋방살이를 했다. 어머니가 보따리 장사를 해서 근근이 입에 풀칠이나 하고 살았다. 교장실 청소를 하여 고등학교를 마친 아이는 서울에 있는 간호대학에 진학하였다. 고등학교를 졸업한 후에는 한 번도 고향에 온 일이 없다. 친구들 말에 의하면 직장도 좋고 결혼하여 잘 살고 있다고 한다.

결혼을 하고 자녀를 낳아 가정을 이루면 가장은 마땅히 가족의 생계를 책임져야 한다. 그런데 종종 사람도 착하고 능력도 있고 도덕적으로 나무랄 데가 없는데 가정의 경제를 책임지지 않는 아버지들을 본다. 대개 그런 경우 어머니가 억척으로 일을 해 가정을 꾸려나간다. 그런데 어머니마저 아무 일 하지 않는 경우도 가끔 본다. 이 경우 둘 중 하나라도 돈 씀씀이가 헤프면 구제 불능의 상황에 빠진다. 그런 부모를 둔 아이들이 겪는 경제적 어려움은 참으로 딱했다. 다행인 것은 그들 모두가 착했다. 그런 아이들 중 더러는 아버지의 무능을 보고 생활력이 강해지기도 한다. 악착같이 공부를 하여 대학도 가고 자기 능력껏 보수가 좋은 직업을 택하여 살아간다. 그러나 그런 아이들 가운데 부모처럼 착하기만 하고 열심히 살지 않는 아이도 많다.

결혼을 해 가정을 꾸렸으면 땅을 파서라도 가족의 생계를 책임져야 한다. 가족의 생계를 책임지지 않는 것은 도덕적으로 가장 나쁜 죄에 해당된다. 인간은 먹어야 산다. 하늘의 명을 받고 사는 삶이다. 생명은 밥을 먹어야 유지된다. 육체가 없는 삶은 불가능하다. 먼저 육체가 있어야 영혼이 존재한다. 육체가 고통을 느끼기 때문에 영혼이 성숙한다. 내 몸이 암에 걸려 고통을 받기 때문에 암에 걸린 다른 사람의 아픔을 알게 된다. 그래서 그의 아픔을 나눌 수 있다. 다른 사람의 아픔을 나누며 겪는 영혼의 성숙은 육체가 아픔을 느껴주기 때문이다. 그 영혼의 성숙을 위해 없어서는 안 되는 육체는 밥을 먹어야 산다. 가장의 첫째 의무는 가족의 육체의 생존을 책임지는 일이다.

사람은 독립적인 인간이 되어야 한다. 경제적 독립은 사상적 독립의 기초가 되기도 한다.

차라리 결혼을 하지 말든가. 결혼을 해 가정을 꾸렸으면 가족의 생계를 책임지는 것이 가장의 첫째 의무이다.

10 사랑할 수 없으면
이혼하라

인근 소도시에서 온 아이가 있었다. 잘생긴 데다 운동도 잘했고 공부 성적은 학년 전체에서 일등이었다.

1학년 말 때 일이었다. 담임 선생이 교장실로 찾아와 할 말이 있다고 해 들어보니 그 아이의 이야기였다. 아이가 남학생 기숙사에 머무는데 행동이 좀 이상하다는 말이 들린다는 것이었다. 그래서 자세히 관찰했는데 뭔지는 잘 모르겠지만 정말 이상한 점이 있단다. 내가 심리학을 좀 공부한 줄 알기 때문에 나한테 그 아이의 행동을 좀 눈여겨보아 달라고 했다. 그래서 나도 아이가 눈치채지 못하게 관찰해보았는데 정말로 뭐라 꼭 집어 말할 수 없지만 이상한 데가 있었다. 그러나 내 심리학 지식으로는 알 수가 없었다.

나는 겨울방학 전날 아이의 아버지를 오시라고 했다. 당시 그의 아버지는 시골 초등학교의 교감이었다. 나는 그에게 상황을 설명하고 성모병원의 한 박사를 찾아가 보라고 했다. 그랬더니 아버지는 여느 부모들과 같이 펄펄 뛰며 왜 자기 아들을 정신병자 취급하느냐고 항의했다. 나는 단호하게 말했다. 만약 시키는 대로 하지 않으면 강제로 전학을 보내겠다고. 분명 이상한 데가 있는데 내 심리학 지식으로는 알 수가 없다, 그래서 그 아이에게 무슨 일이 일어날 수도 있는데 예방을 할 수가 없다, 학교는 아이를 책임져야 하는데 내가 책임을 질 능력이 없으니 전학을 보낼 수밖에 없다, 그러니 성모병원에 가서 한 박사에게 진찰을 받든지 아니면 아이를 데리고 전학을 가든지 둘 중 하나를 택하라, 라고 했다.

이렇게 해서 아이를 아버지와 함께 서울의 한 박사에게 보냈다. 한 박사는 내가 보내는 아이들의 증세와 병명, 학교가 어떻게 해야 하는지, 또 부모가 어떻게 해야 하는지에 대해 상세하게 적어 보내곤 했다.

그런데 이번에 보내온 한 박사의 편지에는 뜻밖의 내용이 적혀 있었다. 아이가 동성에 지나친 친밀함을 느끼고 있다는 것이었다. 그리고 원인이 아버지와 어머니에게 있다고 했다. 아버지와 어머니가 서로 사랑하지 않고 함께 살지도 않으면서 이혼은 하지 않고 있는 점을 들었다. 그래서 아이의 잠재의식은 서로 배신할 수 없는 동성과 사는 것이 이성과 사는 것보다 안전하다고 여기고 있다고 했다. 따라서 아버지와 어머니가 한방을 쓰는 모습을 보여주어야 한다는 내용이었다. 나는 다시 아버지를 오시라고 했다.

교장실에 들어선 아버지에게 나는 한 박사가 보내온 편지를 내놓고 그 내용을 말해주었다. 내 말을 듣고 난 아버지는 고개를 푹 떨구더니 눈물을 흘리면서 실토했다. 그 아이에게 누나가 하나 있는데 자기도 뭔가 두 아이 모두에게서 이상하고 수상한 점이 있음을 느꼈고 일단 동생을 거창고등학교로 보냈다는 것이었다. 아버지의 이야기는 이러했다.

대학을 졸업하자마자 부모가 결혼하라고 하는 여자와 결혼했다. 아무 사랑의 감정도 없이. 결혼하면 다 서로 좋아하게 된다는 말만 믿고. 그런데 반대로 사랑이 생기기는커녕 날이 갈수록 점점 더 아내가 싫어지더라는 것이다. 부모들과 아이들을 생각해서 이혼은 꿈도 못 꾸고 그냥 살아왔다. 아내가 싫어 고의로 산골 학교만 골라 옮겨 다녔다. 당시는 교사들이 산골 학교에는 가지 않으려고 했던 때로, 현재 산골 학교에서 근무할 경우에 주는 가산점이 없을 때였다. 그러니 자진해서 산골 학교만 가겠다는 그가 교육청은 얼마나 반갑고 고마웠겠는가.

눈물을 흘리며 이야기를 마친 그에게 나는 편지를 주어 보내면서 당부했다.

"아이들을 사랑하시면 꼭 사모님과 합방하십시오."

아버지는 아이를 데리고 갔다. 며칠 뒤 나는 아버지에게 이끌려간 그 아이에게서 장장 6쪽이나 되는 긴 편지를 받았다. 나를 위선자라고 비난하는 편지였다. 나는 그렇게 길고 명문인, 나를 위선자라고 비난하는 편지를 받아본 적이 없다.

1년 뒤 나는 그 아이에게서 또 편지를 받았다. 6쪽은 아니었지만 3쪽이나 되는 긴 편지였다. 이번엔 감사하다는 편지였다. 아버지에게 이끌려갈 때 쓴 편지에 대해 용서를 구하는 것도 잊지 않았다. 그리고 이렇게 끝맺었다.

"선생님의 은혜, 평생 잊지 않겠습니다."

2
부모와 자녀를 위한
행복론

1 참으로 복된 삶이란

행복은 사건이 아니다.

사랑하는 연인이 생겼다. 행복하다? 연인과 헤어졌다. 불행하다? 손자를 보았다. 행복하다? 자식을 먼저 보냈다. 불행하다? 배우자와 오래오래 살아 결혼 60주년을 맞았다. 행복하다? 그 배우자를 먼저 보냈다. 불행하다? 자녀가 좋은 대학에 합격했다. 행복하다? 자녀가 삼수, 사수 해도 원하는 대학에 못 들어갔다. 불행하다?

그렇다. 살다 보면 좋은 일도 겪고 나쁜 일도 겪는 게 인생살이다. 기쁜 일도 있고 슬픈 일도 있다. 횡재도 하고 억울한 일도 겪는다.

느닷없이 행복 이야기를 꺼낸 이유가 있다. 모든 부모는 자녀들이 행복하게 살기를 바란다. 아니, 자녀들의 행복과 불행이 자기들의 행복과 불행을 좌우할 것이다. 자녀들이 모두 행복해야지 하나라도 불행하면 자기들도 불행하다. 그것이 부모이다. 그런데 너무도 많은 부모가 행복에 대한 잘못된 생각 때문에 자녀들의 가슴을 멍들게 하고 때로는 일생 지울 수 없는 상처를 준다. 때로는 사랑하는 자식의 삶을 망치기도 한다. 나는 41년 동안 교사 생활을 하면서 그런 부모들을 수없이 보아왔다. 그래서 행복에 대한 바른 이해를 갖도록 돕기 위해 이 책을 쓰고 있다.

부모들이 바른 행복관을 가지고 살아야 자녀들에게 상처를 주지 않고 또 자녀의 삶을 잘못 인도하지 않을 수 있다고 믿기 때문이다.

행복은 사건이 아니다.

행복과 불행은 앞에서 말한 일들과 아무 상관이 없다. 행복과 불행은 어떤 경우에서건 사건이 아니다.

삶이다. 삶이 어떤 삶이냐가 행복과 불행을 결정한다. 물론 어떤 일이나 사건을 불행한 사건 또는 행복한 일이라고 말할 수 있다. 우리의 마음을 흐뭇하게 해주는 사건이 있고 또 반대로 우리의 마음을 슬프고 답답하고 괴롭게 해주는 사건들이 있다. 인생은 그 두 가지 일들을 겪으면서 살아가게 마련이다. 같은 일을 겪어도 어떤 마음을 가지고 살아내느냐에 따라 행복한 삶이 될 수도 있고 불행한 삶이 될 수도 있다. 행복한 삶과 불행한 삶은 어떤 일을 겪느냐에 따라 결정되는 것이 아니다. 어떤 마음가짐으로 사느냐에 따라 결정된다.

또 행복은 만족이 아니다.

자기들의 삶도 평탄했고 자식들의 삶도 남부럽지 않게 평탄하여 만족스러운 삶을 살고 있다. 손주들도 잘 자라고 있다. 그래서 하늘에 감사하며 늘 만족스러운 말년을 보내고 있다. 행복하게 살았고 또 살고 있다고 만족하고 있다. 그러나 그 만족스러움 자체가 행복인지 불행인지는 말할 수 없다. 어떤 마음을 가지고 어떤 삶을 만들어냈느냐가 행복한 삶과 불행한 삶을 결정한다.

행복은 감정이 아니다.

좋은 일을 당하면 기쁘고 나쁜 일을 당하면 괴롭고 슬프다. 운동 시합에서 이기면 기분이 좋고 지면 기분이 나쁘다. 선거에서 이기면 세상을 얻은 듯하고 지면 하늘이 무너진 듯하다. 그러나 그러한 감정들은 행복이나 불행과는 무관하다. 살다보면 슬픈 일도 만나고 괴로운 일도 만나고, 또 때로는 기쁘고 즐거운 일도 만난다. 그때그때마다 그에 따른 감정이 일어나는 것은 자연스러운 현상이다. 그러나 그러한 감정들이 자기의 삶 속에 어떤 영향을 미치게 하느냐는 마음가짐에 따라 다르다. 슬픔과 괴로움을 못 이겨 삶을 망칠 수도 있고, 아니면 그 슬픔과 괴로움이 자신의 삶 속에서 승화되게 만들어 더욱 성숙된 삶을 살아낼 수도 있다. 어떤 마음을 가지고 사느냐에 따라 전자는 불행한 삶이요, 후자는 행복한 삶이다.

이 마음가짐을 철학에서는 정신이라고 하고 교육에서는 인격이라고 하고 종교에서는 영혼이라고 한다. 유영모 선생은 이를 참나, 얼나라고 했다.

삶이란 사람이 일생을 살아간 길이다. 그 살아간 길에 따라 행복한 삶과 불행한 삶이 갈린다. 행복한 삶은 최소한 다음 세 가지 조건을 충족하는 길을 걸어간 삶이다. 하나라도 어긴 삶은 행복한 삶이 아니다.

첫째, 반역사적 삶을 살지는 말아야 한다.
세상은
억압의 세상에서 자유의 세상으로,
불평등한 세상에서 평등한 세상으로,
착취의 세상에서 공존의 세상으로 진보해왔다.
또 앞으로도 그렇게 진보해갈 것이다. 그 역사의 진보를 더디게 하거나 조금이나마 뒤로 후퇴하게 하는 삶을 살아서는 안 된다. 그러나 역사가 시작된 이래 힘을 가진 사람과 집단 들은 역사의 수레바퀴를 뒤로 돌려왔다. 지금도 그렇다. 이들에 대항해 역사는 앞으로 자유와 평등과 공존을 향해 진보해나가야 한다.

우리의 현실, 곧 대한민국의 현실에서 국가와 국민 사이에는 상당히 평등한 관계가 자리를 잡았다. 그러나 국가 내부에서 조직 사이의 평등은 이루어지지 않고 있다. 행정부·입법부·사법부 사이의 평등은 갈 길이 멀다. 행정부, 그것도 청와대의 권력이 너무도 막강하다. 김영삼·김대중·노무현 정권을 거치면서 다소 청와대의 권력이 정상화되었다. 그러나 이명박·박근혜 정권을 거치면서 다시 청와대는 무소불위의 권력의 핵으로 복귀했다. 대한민국의 당면한 과제는 행정부·사법부·입법부 사이가 평등하고 상호 보완적인 관계로 발전하는 것이다.

따라서 사람은 최소한 지금보다 더 자유롭고 더 평등하고 더 공존하는 세상/대한민국을 만드는 데 적극적이든 소극적이든 기여하면서 살아야 한다. 반대로 억압과 불평등과 착취가 강화되는 세상/대한민국을 만드는 삶을 살거나 그 일에 일조하는 삶을 살면, 아무리 스스로는 만족스러운 삶을 살았다고 믿더라도 행복한 삶이 아니다.[1]

둘째, 반도덕적 삶을 살아서는 안 된다.

도덕은 고정된 것이 아니다. 역사의 진보와 함께 진보해왔다. 그러나 역사 속에서 상식화된 도덕이 있다. 교사가 촌지를 받으면 안 된다든지 세무공무원이 뇌물을 받고 세금을 조작하면 안 된다든지, 법관이 이해관계에 따라 재판을 불공평하게 하면 안 된다든지, 병원 수익을 올리기 위해 필요없는 수술을 하면 안 된다든지, 무엇을 하면 안 된다는 상식적 도덕이 있다. 그러한 도덕을 지켜야 한다. 그러한 도덕을 어기고 있는데 행복한 삶을 살고 있다고 생각한다면 스스로 속고 사는 것이다. 그 사람의 행복은 허구일 뿐이다. 남녀평등이 보편화된 시대에 가부장적인 가정을 만들어놓고 행복해한다면 그는 자기에게 속고 있는 것이다.

도덕의 본질은 하늘을 섬기고 사람·민족·인류를 사랑하는 일이다. 도덕은 그 본질을 향하여 성숙해지고 있다. 앞으로도 더 성숙해갈 것이다. 사람은 적극적이든 소극적이든 보다 정의로운 세상을 만들기 위해 하늘을 섬기고 사람을 섬기는 일에 동참하면서 살아야 한다. 반대로 살면 안 된다.[2]

셋째, 반인간적 삶을 살지 말아야 한다.

인종, 국가, 종교, 피부색, 사는 지역, 문화, 성, 신체적·정신적 장애 유무, 재산이나 학력의 차이 따위에 상관없이 모든 인간은 인간이라는 이유 하나만으로 고귀한 존재다. 어떤 이유로도 차별하면 안 된다. 적극적이든 소극적이든 그러한 차별을 없애는 일에 동참하며 살아야 한다.

어떤 이유로든 사람을 다르다는 이유로 차별하면서 행복을 느낀다면 그 행복은 죄악이다. 백인이 흑인을 피부색이 다르다는 이유로 차별하면서 느끼던 우월감, 흑인으로 태어나지 않고 백인으로 태어난 것에 감사하고 살던 시대의 행복감과 감사함은 천벌을 받아야 할 죄악이다. 자기 동네에 장애인 학교가 들어오는 것을 반대해놓고 행복해한다면 하늘이 노할 일이다.[3]

행복이라는 말은 일상 속에서 매우 다양하게 사용되고 있다. 행복이라는 말 자체가 여러 가지 경우에 사용될 수 있는 말이기도 하지만, 사람에 따라 행복에 대한 생각이 다르기 때문이다. 연인에게 하는 말, "너와 함께 있으면 나는 너무 행복해", "나만 믿어. 내가 행복하게 해줄게", "고향에서의 어린 시절 참 행복했지", "나는 여기만 오면 행복해."

부부 가운데 하나가 먼저 세상을 떠나는 마지막 작별의 자리에서 서로 나누는 사랑 고백, "여보, 당신과 함께한 50년, 행복했어", "나도."

모두 틀린 말이 아니다. 모두 아름다운 말이다. 그리고 그때 상황을 표현하는 적절한 말이라 할 수 있다.

그러나 행복한 삶이었는지 아니면 불행한 삶이었는지는 한 사람이 살아간 삶의 일관된 길이 위의 세 조건을 모두 충족했는가 아닌가에 따라 결정된다. 삶은 질과 가치로 이루어진 과정이다. 위의 세 조건은 행복한 삶의 최소 필요조건이다. 그 기준을 충족한 삶은 대단한 삶이다.

그러나 거창고등학회는 한 차원 더 높은 삶이 있다고 믿는다. 그 삶은 인간이 도달하려고 달려가는 목표로서의 삶이다. 도달할 수 있다, 없다, 의 논의를 넘어선 최상의 삶이다. 인간의 삶의 북극성이다. 목표로서의 삶을 기준으로 할 때, 감히 나의 현재는 달려올 길을 다 달려온 삶이라고 고백할 수 있어야 한다. 그렇다고 그 목표에 도달했다는 것은 아니다. 아직도 가야 할 길은 멀다. 그러나 나에게 주어진 시간과 공간 속에서 뒤를 돌아보지 않고 여기까지 왔노라고 고백할 수 있는 삶이어야 한다. 전영창의 삶이 그러했고 원경선의 삶이 그러했다. 장기려의 삶이 그러했다. 홍종만의 삶이 그러했다. 그러한 삶이 거창고등학회가 말하는 행복한 삶이다. 더 정확히 표현하자면 '복된 삶'이라 표현하는 것이 좋다. 특히 한 사람이 걸어간 일생을 놓고 평가할 때에는 '복된 삶'이라는 말이 더 정확한 표현인 것 같다. 영어 표현을 빌리면 blessed이다. 단순한 happy가 아니다. 신으로부터 복을 받은 삶, 신이 인정하는 삶, 신의 도움으로 가능했던 삶, 신과 함께 걸어간 삶이라는 표현이다. 시종일관 '복된 삶'이라는 말을 사용하고 싶었다. 하지만 행복이라는 말을 적절하게 사용한다면 '복된 삶' 개념을 더 분명하게 해줄 수도 있겠다 싶어, 특별한 경우가 아니면 '복된 삶'이라는 표현 대신 행복이라는 표현을 쓰려고 한다.

앞에서 말한 대로 자식의 행복을 바라지 않는 부모는 없다. 그런데 왜 많은 부모가 자식에게 상처를 주고 가슴에 못을 박고 자식의 인생을 망치기도 하는가? 부모들의 행복관이 잘못되어 있기 때문이다.

행복관은 곧 인생관이다. 가치관이다. 세계관이다. 인격이다. 반대로 표현해도 된다. 인격이 가치관, 인생관, 세계관, 행복관을 낳는다.

'어떻게 사는 것이 행복한 삶일까?'에 대한 답은 사람의 인격에 따라 다르다.

어떤 말들을 '○○은 □□ 이다' 또는 '○○은 이러이러하다'라고 서술한다면 그 말이 가지고 있는 개념의 일부를 표현할 수는 있어도 완전한 정의는 내릴 수 없다. 자칫하면 말하려고 하는 뜻을 잘못 이해하게 만들 수도 있다. 사랑, 인생, 민주주의, 신앙, 이러한 말들이 그러하다. 그런 말들은 '○○은 무엇 무엇이 아니다'라고 표현하는 것이 더 좋다. '○○이 무엇 무엇이 아니다'를 여러 가지로 나열하면 그 ○○이 무엇인지 분명해 보일 수가 있다. 말 자체에 어떤 가치가 들어 있는 말들이 그러하다. 그래서 모건 박사는 《기독교 신앙은 무엇인가What is Faith?》라는 책에서 기독교 신앙이란 어떠어떠한 것이 아닌지를 설명하고 나서 기독교 신앙은 이런 것이라고 설명한다. 나도 먼저 잘못된 행복관을 설명하고 나서 진정한 행복이 어떤 것인지를 이야기하려고 한다.

행복이 어떠어떠한 것이 아닌지를 먼저 이야기해야 하는 이유가 하나 더 있다. 사람은 자기가 생각하는 사람이 아니다. 다시 말해 스스로 '자신을 어떠한 사람'이라고 생각한다고 해서 반드시 그런 사람인 것은 아니다. 또한 남들이 생각하는 그런 사람도 아니다. 하나님이, 부처님이, 자기가 섬기는 신이 그를 어떻게 보느냐에 달려 있는 것이다. 내가 나를, 또는 남들이 나를 위대하게 생각한다고 해서 내가 위대한 사람인 것이 아니다. 하나님이, 부처님이 위대하다고 해야 위대한 사람이다. 내가 나를, 또는 남들이 나를 보잘것없는 사람이라고 생각한다고 해서 내가 보잘것없는 사람인 것은 아니다. 최근의 이명박 씨와 박근혜 씨를 보라. 추종자들은 물론, 이들 스스로도 자신들을 대단한 사람이라고 생각했지만, 사후도 아니고 살아생전에 그들의 실체가 드러나지 않았는가? 알버트 슈바이처 박사는 자신을 위인이라고 생각하지 않았다. 그러나 20세기 기독교가 낳은 매우 위대한 사람 가운데 하나로 추앙받고 있다. 베토벤은 살아생전에 자기를 악성樂聖이라고 생각하지 않았다. 사후에야 그를 악성이라고 칭송하고 있다. 페스탈로치도 그러했다. 당시 사람 대부분은 그를 미친 선생으로 생각했다.

행복 또한 그러하다. 참 행복은 자기가 행복하다고 느낄 때의 행복이 아니다. 행복감에 푹 빠져 살고 있다고 해서 행복한 것이 아니다. 내가 나의 삶을 행복한 삶이라고 생각하느냐 아니냐에 달려 있는 것이 아니다. 공자가, 부처가, 예수가 삶으로 보여주고 가르쳐주었던, 즉 하늘이 인정하는 삶에 비추어보아야만 나의 삶이 참 행복한 삶인지 아닌지를 알 수 있다. 그래서 먼저 어떤 삶이 행복한 삶이 아닌지를 짚어 보려고 한다.

행복은 자족이 아니다.

어떤 사람들은 자기가 하고 싶은 일을 하면서 여유작작하게 살아가며 만족하고 행복감에 젖는다. 또 어떤 사람들은 먹고살기 위해 정신없이 바쁘게 살던 삶을 버리고 욕심을 내려놓으니까 행복감을 찾았다고 한다. 그런 사람들은 말한다. "모든 것을 버리니 참 좋다"고. 그래서 그런지 언제부터인가 도시 생활을 버리고 시골에 들어와 아담한 집 한 채 지어놓고 텃밭을 가꾸며 사는 사람들이 늘고 있다. 그것도 아름다운 삶 가운데 하나일 수 있다. 그러나 거창고등학교와 샛별 초중고에서 보낸 41년의 경험으로 보면 그것이 행복한 삶인지 아닌지 말하기는 어렵다. 행복은 자족과 다르다. 자족보다 차원이 높다. 신선 생활보다 차원이 높다. 여하튼 차원이 다르다. 참 행복은 자족하느냐 안 하느냐, 또는 여유로움을 느끼느냐 안 느끼느냐에 달린 것이 아니다. 부처님과 예수님이 욕심을 버리고 마음을 비우라고 가르치신 것은 마음을 자비심과 측은지심으로 채우라는 것이지 그저 단순히 여유작작하게 살아가라는 것이 아니다.

어떤 삶이 '복된 삶'인지 실 예를 들어보자.
윤동주를 한번 보자.

죽는 날까지 하늘을 우러러
한 점 부끄럼이 없기를,
잎새에 이는 바람에도
나는 괴로워했다.
별을 노래하는 마음으로
모든 죽어가는 것을 사랑해야지.
그리고 나한테 주어진 길을
걸어가야겠다.

오늘 밤에도 별이 바람에 스치운다.

조국과 동포가 처한 현실을 보며 잎새에 이는 바람에도 괴로
워했던 사나이 윤동주는 너무도 괴로워, 젊은 자신의 피를 어두
워져 가는 조국을 위해 흘리겠다고 기도했다.

　　십자가

　　쫓아오던 햇빛인데
　　지금 교회당 꼭대기
　　십자가에 걸리었습니다.

　　첨탑이 저렇게도 높은데
　　어떻게 올라갈 수 있을까요.

　　종소리도 들려오지 않는데
　　휘파람이나 불며 서성거리다가,

　　괴로웠던 사나이,
　　행복한 예수 그리스도에게
　　처럼
　　십자가가 허락된다면

　　모가지를 드리우고
　　꽃처럼 피어나는 피를

어두워가는 하늘 밑에

조용히 흘리겠습니다.

그는 소원대로 그렇게도 사랑했던 조국의 해방을 6개월 앞둔 1945년 2월 규슈 후쿠오카 형무소에서 스물여덟 살의 젊은 나이로 옥사했다. 그가 조국을 위해 흘린 피가, 십자가에서 처형당한 예수를 세상에서 가장 행복한 사나이라고 부러워하던 그가 흘린 피가 조국의 해방을 앞당긴 것이라고 나는 믿는다.

윤동주가 살다 간 삶을 불행한 삶이었다고 말할 수 있을까? 윤동주의 삶이야말로 참으로 '복 받은 삶'이 아니었을까? 하나님이 원하는 삶. 하나님이 인정한 삶. 뒤에 오는 사람들이 따라가야 할 삶.

이번엔 서정주를 보자.

한 송이의 국화꽃을 피우기 위해
봄부터 소쩍새는
그렇게 울었나 보다.

한 송이의 국화꽃을 피우기 위해
천둥은 먹구름 속에서
또 그렇게 울었나 보다.

이 시를 읊었던 서정주는 가미가제 특공대를 찬양하고 그들의 희생을 미화하는 시인 〈마쓰이 오장 송가〉를 써 일제에 바쳐 징용을 피했다. 그리고 해방이 되자 정권이 바뀔 때마다 독재자를 칭송하는 시를 써 대학 교수로 편하게 살고 오만 상을 수상하는 명예를 누리다가 죽었다. 서정주를 과연 복된 삶을 산 사람이라고 말할 수 있을까? 신이 인정한 삶이었을까? 아니면 신의 심판을 받은 삶이었을까? 그의 삶이 과연 우리가 따라가야 할 삶일까?

마쓰이* 오장 송가伍長 頌歌

아아 레이테만은 어데런가

언덕도

산도

뵈이지 않는

구름만이 둥둥 떠서 다니는

몇 천 길의 바다런가

아아 레이테만은

여기서 몇 만 리런가……

---

* 마쓰이 히데오. 1924년 개성 출생. 본명 인재웅. 야스쿠니 부대 하사관. 1944년 11월 29일
필리핀 레이테만에서 전사.

귀 기울이면 들려오는
아득한 파도소리……
우리의 젊은 아우와 아들들이
그속에서 잠자는 아득한 파도소리……

얼굴에 붉은 홍조를 띄우고
"갔다 오겠습니다"
웃으며 가드니
새와 같은 비행기가 날아서 가드니
아우야 너는 다시 돌아오지 않는다

마쓰이 히데오!
그대는 우리의 오장 우리의 자랑.
그대는 조선 경기도 개성 사람
인씨의 둘째 아들 스물한 살 먹은 사내

마쓰이 히데오!
그대는 우리의 가미가제 특별공격 대원.
구국 대원
구국 대원의 푸른 영혼은
살아서 벌써 우리게로 왔느니
우리 숨 쉬는 이 나라의 하늘 위에 조용히 조용히 돌아왔느니

우리의 동포들이 밤과 낮으로
정성껏 만들어 보낸 비행기 한 채에
그대, 몸을 실어 날았다간 내리는 곳
소리 있어 벌이는 고흔 꽃처럼
오히려 기쁜 몸짓하며 내리는 곳
쪼각쪼각 부서지는 산더미 같은 미국 군함!
수백 척의 비행기와
대포와 폭발탄과
머리털이 샛노란 벌레 같은 병정을 싣고
우리의 땅과 목숨을 뺏으러 온
원수 영미의 항공모함을
그대 몸뚱이로 내려쳐서 깨었는가?
깨뜨리며 깨뜨리며 자네도 깨졌는가-

장하도다
우리의 육군 항공 오장 마쓰이 히데오여
너로 하여 향기로운 삼천리의 산천이여
한결 더 짙푸른 우리의 하늘이여

아아 레이테만은 어데런가.
몇천 길의 바다런가.
귀 기울이면
여기서도, 역력히 들려오는

아득한 파도소리……

레이테만의 파도소리……

《매일신보》1944.12.9.

우리에게 사슴의 시인으로 알려진 노천명의 삶을 보자.

'모가지가 길어서 슬픈 짐승이여'를 읊은 여인이 어떻게 '남아면 군복에 총을 메고 나라 위해 전장에 나감이 소원이리니'를 노래할 수가 있었던가?

님의 부르심을 받들고서

남아면 군복에 총을 메고
나라 위해 전장에 나감이 소원이리니

영광의 날
나도 사나이였드면 나도 사나이였드면
귀한 부르심 입는 것을-

갑옷 떨쳐입고 머리에 투구 쓰고
창검을 휘두르며 싸움터로 나감이
남아의 장쾌한 기상이어든-

이제

아세아의 큰 운명을 걸고

우리의 숙원을 뿜으며

저 영미를 치는 마당에랴

영문營門으로 들라는 우렁찬 나팔소리-

오랜만에

이 강산 골짜구니와 마을 구석구석을

흥분 속에 흔드네-

《매일신보》1943.8.5.

　자기가 남자로 태어났더라면 일본을 위해 전장에 나갔을 거라며 여자로 태어난 것을 후회했던 노천명이 행복한 여성이었나. 친일 시로 살아남아 모교인 이화여대와 서라벌예술대학에서 강의를 하며 편안한 삶을 살았으니 노천명을 행복한 삶을 산 사람이라고 말할 수 있을까? 그런 삶이야말로 신의 도움 없이는 불가능한 삶이라고 말할 수 있을까?

　일생을 조국의 독립을 위해 싸우고 해방된 조국이 일본, 중국, 미국과 같은 강대국이 아니라 문화 강국, 평화 강국이 되기를 염원하며 남북의 분단을 어떻게든 막아보려다 이승만에게 암살당한 김구는 복 받지 못한 사람이요, 미국의 꼭두각시가 되어 김구 선생을 암살시키고 대통령을 해먹은 이승만은 신의 축복을 받은 사람인가?

부귀와 영화와 명성을 누리며 화려하게 사는 것이 행복이라는 행복관이 가장 많은 사람을 지배하는 인생관인 것 같다. 과연 그럴까?

마릴린 먼로 하면 20세기의 젊은이들치고 그 이름을 모르는 사람이 없을 것이다. 한때 미국에서뿐만 아니라 전 세계적으로 이름을 드날린 먼로는 할리우드의 영화배우로서 그 인기가 세계에서 둘째가라면 서러울 정도였다. 1961년 5월 19일 케네디 대통령의 생일을 축하하기 위하여 백악관에 가서 '해피 버스데이' 축가를 불렀더니 "먼로 양이 생일 축하 노래를 불러주었으니 이제 정계를 떠나도 한이 없겠다"고 케네디 대통령이 말한 것으로 보아 그녀의 명성이 어떠하였는지 가히 짐작할 수 있다. 뿐만 아니라 약 29편의 영화에 출연하여 2억불의 돈을 벌었다. 당시 일본이 36년간 착취하고도 우리나라에 준 돈이 겨우 3억불인 점을 보았을 때 12년간 2억불을 번 그녀가 얼마나 거액의 돈을 번 것인지 대강 짐작이 간다. 한창 많이 벌 때에는 한 주에 1만불을 벌었다.

아주 어렸을 때 이혼을 한 어머니가 정신병에 걸려 양부모 밑에서 자라야 했던 그녀는 6살 때 양부에게 성추행을 당했고, 9살 때에는 고아원에 넘겨지는 등 혹독한 어린 시절을 보냈다. 그 가난과 불행을 극복하고 성공하여 세상에서 제일가는 인기를 얻은 데다 거액의 돈을 벌었으니 얼마나 행복했을까?

그러나 그녀는 결코 행복한 사람이 못 되었다. 그 증거로 생전에 이렇게 말했다.

"인기라는 것이 내게서 떠나간다면 나는 잘 가라고 작별인사나 하겠지요. 인기란 변덕쟁이라는 것을 나는 잘 알고 있습니다." 또 그녀는 "명성을 쌓아도 명성이 행복을 주지 못한다"고 말했다. 2억불의 돈이 그녀를 행복하게 만들어주지 못하였기 때문에 그녀는 늘 정신과 전문의에게 치료를 받았으며 죽기 전날 밤에도 정신과 전문의 그린스 박사의 진찰을 받았다.

제임스 베이컨이라는 신문 기자는 그녀의 죽음에 대하여 이렇게 평했다.

"배우 마릴린 먼로가 5일(1962년 8월 5일) 죽음으로써 2주에 1만불이라는 거액의 수입조차도 마음의 평화를 살 수 없다는 것을 입증하였다."

세계에서 가장 이름이 알려진 금발 미녀 먼로는 만나는 사람들에게 자기는 심심하다고 말하였으나 아무도 그녀의 말을 믿지 않았다. 영예와 부귀, 스타라는 지위는 먼로의 어린 시절 생활에서 비롯된 불행을 없애주지 못하였다. 그녀에게는 마음의 평온이 없었던 것이다. 그래서 술을 많이 마시는 버릇이 있었다.

먼로는 결국 돈과 명예와 인기에서 행복을 발견하지 못한 채 36세를 일기로 황천의 객이 되고 말았다.

세상에는 돈과 명예와 인기와 권력에 행복이 있는 줄 알고 그

것들을 얻기 위하여 죽을 둥 살 둥 노력하다가 실패한 사람들이 얼마나 많이 있는가? 설령 그것들을 얻었다손 치더라도 결국은 거기서 행복을 얻지 못하여 실망한 나머지 자살한 사람들이 얼마나 많이 있는가?[4]

2   행복한
사람이란?

도대체 우리가 살고 있는 세상은 어떤 세상인가?

인류가 만들어왔고 또 만들고 있는 세상은 어떤 세상인가?

또 지금 우리는 어떤 세상을 만들고 있는가?

우리가 만들어 자식들에게 물려줄 세상은 어떤 세상이어야 하는가?

우리의 자식들은 어떤 세상에 살게 해야 할까?

이런 질문들을 하나님/부처님/공자님/절대자 앞에 맨발로 서서 얼굴을 맞대고 묻고 또 묻고 해보지 않는/않은 사람은 행복한 삶을 살 수 없다. 아니, 사람이 아니다. '사람이면 다 사람이냐? 사람이 사람다워야지 사람이지' 할 때의 사람 말이다.

행복은 우리가 살고 있는 세상과 무관하지 않다. 행복은 삶인데 삶이 자기가 살고 있는 세상과 무관할 리 없다. 어떤 세상에 살고 있는가에 따라 살아야 할 삶이 다르다. 일제 식민통치 아래 살 때에는 직접적이든 간접적이든 조국의 독립에 이바지하면서 살아야 한다. 해방 후 대한민국에서 살 때에는 직접적이든 간접적이든 민주주의 사회의 실현에 이바지하면서 살아야 한다. 이렇게 자기가 살고 있는 사회가 보다 맑고 보다 밝고 보다 따뜻한 사회로 진보해가는 데 이바지하면서 사는 것이 행복하게 사는 것이라고 한다면, 우선 자기가 살고 있는 사회가 처한 현실을 알아야 한다. 그래서 행복한 삶을 이야기하기 전에 우리가 어떤 문명, 어떤 역사적 단계/상황 속에 살고 있는가를 먼저 이야기하려고 한다. 물론 이는 거창고등학회의 역사관이요, 문명관이다. 거창고등학회는 기독교 학교이다. 따라서 자연히 기독교의 세계관과 역사관과 문명관을 기반으로 인격이 무엇인가를 생각하고 그 인격관 위에 행복관을 생각하고 그 행복관 위에 교육을 생각한다. 그래서 거창고등학회는 교육의 이념을 '기독교 신앙을 바탕으로 민주시민을 양성하는 것을 목적으로 한다'고 표현하고 있다. 그리고 부처님과 공자님의 가르침도 항상 참고하고 있다. 그러나 교육관도, 행복관도 기독교의 역사관과 세계관에 바탕을 둔 것임을 이해해주기 바란다.

인류가 기록을 남기기 시작한 이래 인류가 만들어온 세상은 어떤 세상일까? 다시 말해 인류는 어떤 문명을 만들어왔을까?
  히브리인들의 성서(현재는 기독교도 성서로 공유하고 있다)

는 그 질문에 이렇게 답한다.

에덴동산이라는 낙원에서 쫓겨난 후의 첫 사건은, 힘을 가진 형 카인이 힘이 약한 동생 아벨을 때려죽인 사건이다. 기독교 성서는 이를 죄의 원형 또는 원죄라고 한다. 힘을 가진 사람이 자기가 가진 힘을 힘이 없는 사람을 섬기는 일에 쓰지 아니하고 반대로 죽이는 일에 쓴 것이 죄의 뿌리라는 것이다.

동생을 죽인 카인의 5대손 라멕은 두 아내 아다와 실라를 앉혀 놓고 이렇게 노래했다.

아다와 실라는 내 말을 들어라.
라멕의 아내들은
내가 말할 때에 귀를 기울여라.
나에게 상처를 입힌 남자를
내가 죽였다.
나를 상하게 한 젊은 남자를
내가 죽였다.
카인을 해친 벌이 일곱 갑절이면*
라멕을 해친 벌은 일흔일곱 갑절이다.

---

* 하나님은 카인에게 땅 위에서 쉬지도 못하고 떠돌아다니며 살아야 하는 벌을 주었다. 그러자 카인이 벌이 너무 무겁다며 떠돌아다니다가 맞아 죽을 거라고 호소했다. 하나님은 카인을 죽이는 자는 일곱 갑절의 벌을 받게 하겠다고 경고해 보호해 주었다.

인류가 부른 최초의 노래는 살육과 보복의 노래였다. 이 보복과 살육의 노래를 기독교에서는 '라멕의 노래'라고 한다. 9. 11 사태 직후 부시 미국 대통령이 이 라멕의 노래를 불렀다.

미국의 편에 서지 않는 나라는
어느 나라이든지 미국의 적이다.

'지구상 미국 앞에서 중립국은 있을 수 없다. 미국을 중심으로 적인지 친구인지, 둘 중 하나를 택하라'는 선포는 '힘의 오만'에 그 뿌리를 두고 있다. 평화롭게 전쟁을 모르고 살고 있던 원주민들을 학살하고 그 원주민들의 피 위에 세워진 미국은 하나님 앞에 엎드려 그 죄를 자복하고 통회하기 전에는 그런 선언을 할 자격이 없다. 아프리카에서 평화롭게 살고 있던 인간들을 잡아다가 농업 노예로 부려 먹었던 죄를 마틴 루터 킹 목사를 통해 회개했던 것처럼 원주민 학살을 회개해야 한다. 하나님이 인류에게 내준 숙제는 '회개'이기 때문이다.

또 히브리인들의 성서는 이렇게 선언한다.

신의 아들이라고 자처하는 힘센 장사들*이 나타나 마음에 드

---

* 고대에 힘센 장사 또는 전사들은 스스로를 신의 아들이라고 자처하며 씨족 또는 부족국가라고 부르는 형태의 국가를 만들었다(창세기 6장 1-2절 참고).

는 여자들을 멋대로 데리고 사는 일이 벌어졌다. 다시 말해 힘을 가진 남자가 힘이 없는 여자를 지배하는 가부장제도가 나타났다고 고발한다. 인류가 에덴동산에서 쫓겨난 후 만든 최초의 제도가 남자가 여자를 지배하는 결혼제도였다고 인류 문명은 고발한다. 하나님은 남자를 만들고 나서 남자가 홀로 사는 모습이 딱하여 여자를 만들어주셨다. 그때 남자가 여자를 보고 기뻐하며 이렇게 노래했다고 한다.

> 이제야 나타났구나, 이 사람!
> 뼈도 나의 뼈, 살도 나의 살
> 남자에게서 나왔으니
> 여자라고 부를 것이다.

'뼈도 나의 뼈, 살도 나의 살'이라고 기뻐하던 남자가 여자가 힘이 없다고 제 마음대로 취하여 데리고 사는 모습, 가부장제도의 꼴을 보고 하나님이 사람 지으신 것을 후회하며 마음 아파하셨다고 기록하고 있다.[5]

힘을 가진 자들은 스스로를 신의 아들이라고 자처하며 앞 다투어 크고 작은 국가들을 만들어 약육강식의 전쟁을 벌였다. 그 전쟁놀이에서 최후의 승리를 거둔 국가들은 제국이 된 뒤 자기들이 천하를 평정하여 평화를 가져왔다고 선전했다. 이렇게 천하를 평정하여 평화를 가져왔다는 제국이 탄생하기까지 죽어간 원혼들의 수가 얼마일까? 신은 그 원혼들의 편일까? 제국의 편일까?

이렇게 인간의 무자비한 살육을 통해 나타난 제국들은 자기들의 신이 다른 민족들의 신을 이기게 해준 최고의 신이라고 선전해 주는 종교를 만들었고 황제는 그 신의 현신이거나 아니면 아들이라고 주장했다. 그리하여 고대 제국들의 황제들은 모두 무슨 무슨 신의 아들들이었다. 천자天子였다. 제국의 종교들은 그러한 사기를 도와주고 제국이 나누어주는 권력과 빵의 부스러기를 즐겼다. 1%에게 충성하며 99%를 교묘히 속이는 일을 해온 것이다. 그러한 제국 종교의 거짓을 폭로하고 저항하는 종교가 약소국들에서 태어났다. 불교와 기독교가 대표적 종교들이다. 유교는 종교가 아니지만 제국주의에 저항하는 가르침임에는 틀림없다.* 그러나 불행하게도 그러한 종교들도 초기의 박해를 견디어내 마침내 제국의 인정을 받고 나아가 제국의 국교가 되어버리자, 이전의 제국이 만들어냈던 거짓 종교의 역할을 대행해주는 종교로 타락하고 말았다. 아무리 고등 종교이더라도 국교가 되어 권력과 돈의 부스러기를 즐기는 지경이 되면 타락하지 않을 수 없다. 종교가 반드시 개혁의 불꽃을 꺼뜨리지 말아야 할 이유가 거기에 있다.

---

* 필자는 이슬람교도 그렇다고 생각한다. 그러나 이슬람교를 공부한 일이 없어 정확하게 모르기 때문에 뺐다.

제국들은 종교만 만들어낸 것이 아니다. 학교도 만들어냈다. 국가를 만들어 운영하려면 세금을 거두어야 한다. 세금을 거두려면 글자를 알고 계산할 줄 아는 사람이 필요하다. 그래서 국가가 태어나자 먼저 한 일 중 하나가 학교를 만들어 관료를 길러내는 일이었다. 그래서 최초의 학교는 왕립 학교와 황실 학교였다. 왕자들을 가르치고 군대 지휘관과 관료를 길러내는 학교였다. 거기에서 길러낸 학자들의 가장 중요한 임무는 왕과 황제에게 충성해야 한다는 도덕을 모든 계급의 백성에게 가르치는 일이었다. 그 가르치는 임무를 맡은 학자, 즉 교사들은 성직자들과 함께 사회적으로 높은 대우와 보호를 받았다.[6]

힘을 가진 사람이 힘이 없는 사람을 지배하는 문명이 인류가 만들어낸 문명이다. 힘이 있는 국가가 힘이 없는 국가를 칼로 무자비하게 정복하고 노예로 부려먹고 억압하고 차별하고 착취하는 문명이 인류가 만들어낸 문명이다. 제국이 세상을 지배하는 제국주의 문명이다.

군대라는 폭력과 무력으로 힘이 없는 나라를 정복하는 문명, 곧 차별의 문명. 그 차별의 문명은 억압과 착취를 낳아, '99%의 희생 위에 1%와 그 하수인들만 잘 먹고 잘 사는 질서'를 만들었다. 제국이 된 강대국들뿐만 아니라, 힘이 없어 강대국에게 정복당하여 종살이하는 국가들도 약육강식은 당연한 현실로 받아들였다. 제국은 그 지배와 피지배의 질서를 정의라고 가르치는 교육과 종교를 만들었고, 제국주의 문명을 유지하기 위해 교육과 종교를 통제해왔다.

힘이 곧 정의인 문명, 즉 제국주의 문명이 인류가 만들어낸 문명이다. 같은 종을 지배하고 차별하고 억압하고 착취하고 살육하는 문명을 만들어낸 유일한 동물이 인간이다.

군대라는 절대 폭력의 힘을 만들어내고 유지하기 위해서는 막대한 돈이 있어야 했다. 막대한 경제력을 가지는 가장 손쉬운 길은 무임금 강제 노동력을 확보하는 것이다. 무임금 강제 노동력, 즉 노예를 확보하기 위해 전쟁은 필수적이었다. 그래서 전쟁이 끊일 날이 없는 세상이 되었다. 1960년대의 어느 역사학자의 계산에 의하면 문자가 생겨 역사가 기록된 이래 지구상에 전쟁이 없었던 기간은 단 하루뿐이라고 한다. 언제나 지구 어디에선가 전쟁이 벌어져온 역사가 인류의 역사이다. 이 전쟁의 역사는 1차 세계대전과 2차 세계대전으로 이어졌다.*

학문을 한다는 지식인들과 아름다움을 추구한다는 예술인들이 만들어온 학문과 예술은 어떠했는가. 제국의 수많은 학자는 자신들의 학식을 총동원하여 제국과 황제들에게 용비어천가를

---

* 기독교 국가들끼리 치른 그 1, 2차 세계대전을 기독교가 막아내지 못한 것은 아무리 해도 이해할 수 없는 불가사의다. 로마라는 인류 최대 최악의 제국에 맞서, 로마가 만들어낸 칼의 평화는 가짜 평화이고, 십자가 죽음으로 주는 사랑과 정의로만 참된 평화를 만들어낼 수 있다고 가르친 예수를 믿는 기독교가 1, 2차 세계대전을 막지 못했다는 것은 기독교가 예수를 잃어버린 종교로 타락했다는 증거이다. 기독교는 예수 없는 예수교가 되었다. 나는 기독교인이기 때문에 기독교 이야기만 한다. 타 종교인들은 자기 종교의 현실을 한번 짚어보기 바란다.

써 바치고 부귀영화의 부스러기를 즐겼다. 또 앞다투어 제국과 황제들에 대한 거짓 역사를 써 바쳤다. 반면 사마천과 같은 분은 궁형이라는 치욕적인 형벌을 받아야 했다. 고대 그리스에서는 지식을 팔아 권력과 돈을 추구하던 지식인들을 소피스트라고 불렀다. 그 거짓 지식인들에 맞서 자기를 아는 데서 곧 인간이 살아야 할 길을 안다고 가르치다 독배를 마시고 죽어야 했던 지식인은 소크라테스 하나였다. 지식을 팔아 제후들에게 들러붙어 벼슬살이를 즐기던 지식인들의 허위 지식을 폭로하고 하늘의 뜻을 아는 것이 참 지식이라고 가르쳤던 지식인은 공자뿐이었다.

언론의 모습은 어떠한가? 칼보다 무섭다는 펜은 탄생하자마자 권력과 경제력의 하수인으로 전락했다. 거짓을 참이라 하고 참을 거짓이라고 선전하는 일을 자임하여 소위 4대 권력—정치권력, 자본권력, 학문·예술권력, 언론권력—의 한 지위를 획득했다. 1%를 위해 99%를 속이고자 참은 감추고 거짓을 부풀리는 일을 21세기에도 한 점 부끄러움 없이 자행하고 있다.

우리가 지금 살고 있는 이러한 세상의 모습을 21세기 최고의 구약신학자인 월터 브루그만은 이렇게 그리고 있다.

오늘날 인간과 국민의 삶 모든 분야를 지배하는 공권력은 다음과 같은 집단들에 의해 운용되고 휘둘리고 있다. 첫 번째는 돈의 공급을 마음대로 조절할 수 있으며, 각종 신용거래와 채권 채무에 관한 법을 마음대로 제정할 수도, 폐지할 수도 있는 천문학적 돈을 가진 집단이다.

다른 하나는 군사적 모험과 전쟁 무기를 개발하기 위한 기술적 발전을 위해서 국가가 막대한 돈과 예산을 투자하게 만드는 집단이다.

오늘날 그 두 집단은 종교, 학문, 언론을 마음대로 조정할 수 있는 영향력을 행사한다. 그들을 비판하거나 그들에 대해 나쁜 이미지를 갖게 만드는 드라마에는 광고를 주지 않는다. 그들은 자신들을 비판하는 교회나 사찰에는 가지 않는다. 그들의 이익에 반대하는 학설을 주장하거나 가르치는 대학 또는 학자는 그들의 재정적 지원을 받지 못한다. 그들의 이익에 도움이 되는 글을 신문에 기고하면 엄청난 원고료를 받을 수 있다. 이렇게 그들은 막강한 돈의 힘으로 교회나 절과 같은 종교단체, 언론사, 학문계를 연계하는 네트워크를 형성하고 있다. 그 세 분야에서 유리한 고지를 점령하여 자기들의 이익을 대변하는 당의 후보들을 당선시킨다. 선거에 이기게 되면 국가라는 통치기구를 통해 그들이 합법적으로 행사하는 영향력은 막강해진다. 그래서 우리는 오늘날 그들이 '국가라는 통치기구를 통해서 행사하는 네트워크의 힘'을 권력이라고 정의할 수밖에 없다.

'황금을 가진 자들이 법을 만든다The ones with gold make the rules'라는 황금률을 사회적 진리로 확립한 집단들이 제도를 통해 국민을 지배하는 힘에는 선한 면이 클까, 악마적인 면이 클까?[7]

인류의 역사는 끊임없이 자유와 평등과 공존을 향해 진보해왔지만 아직도 갈 길이 멀다. 현대라고 부르는 20세기에도 아프리카와 동남아시아와 유럽에서 무자비한 인종 학살이 자행되어 왔다. 외형상의 카스트제도, 즉 양반과 상놈의 계급이 없어졌다고 하나 엄연히 1%의 가진 집단과 그들의 하수인들은 99%의 희생 위에서 부를 누리는 계급을 형성하고 있다. 약 2천3백만이라는 성 노예가 존재하는 것이 현실이다.

대한민국의 현실은 어떠한가? 일제 식민통치를 벗어나 해방 후 대한민국이라는 공화국을 건설했지만, 이승만, 박정희, 전두환, 노태우의 독재정권들을 민중의 힘으로 극복하여야 했다. 김영삼의 문민정부와 김대중의 국민의 정부와 노무현의 참여정부를 탄생시켜 국가와 국민 사이에는 상당한 민주화가 이루어졌지만, 행정부와 입법부, 사법부의 민주화는 이루어지지 못하고 있는 현실이다. 아직도 뿌리 깊은 '지역 정서에 바탕을 둔 정치의식'의 역사적 굴레를 벗어나지 못했다. 그래서 또다시 어리석고 부패한 이명박과 박근혜 정권을 탄생시켜 이명박과 박근혜가 입법부와 사법부 위에 군림하는 반역사적 국가의 꼴을 보아야 했다. 문화와 종교도 중국 사대주의에서 미국과 유럽 사대주의로 대상만 바꾸었을 뿐 '사대주의 문화와 종교'에서 벗어나지 못한 상태이다. 가야 할 길이 멀다. 대한민국은 복된 국가의 길과 저주의 길, 두 길의 갈림길에 서 있다. 걸어온 길을 깊이 성찰하여 가야 할 길을 분명히 해야 하는 지점에 서 있다.

자기가 살고 있는 사회는 불행한데 자기만 행복하게 살면 된다. 이는 이완용의 행복관이다. 내가 살고 있는 사회가 행복해야 나도 행복하다. 이것이 김구 선생의 복된 삶관이다. 내가 함께 살고 있는 사람들이야 어떻게 되든 나만 잘 먹고 잘 살면 행복하다. 그것은 박근혜와 그의 한 패거리들의 행복관이다. 내가 함께 살고 살아가야 할 사람들이 불행하면 나도 불행하다. 이것이 촛불 집회에 모였던 사람들의 복된 삶관이다.

1950년 6.25 동란 때 전영창은 미시간주 홀랜드의 웨스턴 신학교에서 졸업시험을 앞두고 있었다. 뉴스를 들은 그는 즉시 귀국하여 자기가 할 일을 찾아야겠다고 결정했다. 귀국 의사를 밝혔더니 워싱턴의 장면 대사가 "좀 더 사태를 관망하고 준비를 하고 나가게"라고 충고했다.

이듬해 1월 3일 맥아더 장군이 한국에서 철수한다는 소식을 들었다. 그는 즉시 신학교 학장이었던 뮬더 박사에게 가서 곧 귀국하겠다고 말했다. 뮬더 박사는 공산주의자들이 한반도 전체를 점령하게 될 경우를 두려워한 나머지 극력 말렸다. 그는 전영창이 귀국하는 대신 그의 가족을 미국으로 데려오라고 했다. 그리고 그의 가족이 도미하는 데 드는 모든 경비는 자기가 책임을 지겠노라고 했다.

전영창은 그에게 분명한 어조로 말했다.

"만약 공산주의가 한반도를 점령하게 되면 나는 조국에 돌아갈 기회를 영영 놓치고 말 것입니다. 주님은 내가 미국에서 목사가 되어 일하는 것을 원하시는 것이 아니고 내 나라 한국의 선교를 위해서 일하도록 오랫동안 준비시키신 것이 아니겠습니까? 만약 한국에 돌아가지 않으면 나는 단지 주님을 배반하는 것만

이 아니라 나의 동포까지 배반하는 것입니다. 나는 그들의 목자
牧者가 되기 위해서 오랫동안 준비를 해왔는데 막상 위험에 빠진
양을 모른 체하고 떠나버리면, 목자는커녕 사악한 사기꾼이 아
닙니까? 공산주의가 한국에 들어오기 전에 내가 할 일을 찾아야
겠고 또 그들이 한반도를 점령하면 지하운동이라도 할 각오가
되어 있습니다."

"그러면 미스터 전의 학위는 어떻게 되겠느냐? 학위를 받으려
면 졸업시험을 치러야 하니 두 주가량 기다리면서 사태를 관망
하게."

"학장님! 지금 나라가 위기에 놓여 있는 판에 학위를 받고 안
받고가 문제입니까? 나는 여하튼 한시라도 빨리 내 나라에 돌아
가고 싶을 따름입니다."

퓰더 학장은 마침내 그가 귀국하는 것을 허락하고 말았다.

그런 결정을 내린 전영창의 호주머니에는 1달러하고 몇 센트
만 있을 뿐이었다. 항공편으로 한국까지 가려면 5백 달러 이상의
비용이 들 터였지만 한국으로 돌아가는 것이 주님의 뜻이라면
필요한 것은 다 준비해주시리라 믿고 또 기도를 했다.

막 기도를 마쳤을 때 미시간주 홀랜드에 있는 메이플우드 교
회에서 전화가 걸려 왔다. 친한 친구인 게리 드윗 목사가 얼른 자
기 교회로 오라고 했다. 가보니 친구들 몇 명이 모여 있었다. 그
가 귀국하기로 결정했다고 하자 비행기 표를 살 돈이 있는지 물
었다. 호주머니 사정을 실토했더니 그 자리에서 1,000달러를 모
아주었다.

그러는 동안에 퓰더 학장은 졸업시험을 치지 않더라도 그에게 졸업장을 주자고 학교 이사장과 의논을 하고 있었다.

1월 9일에 출국하기로 계획을 세웠는데 퓰더 학장 내외가 1월 8일 저녁에 그를 초대해서 식사를 대접했다. 식사 후 그들은 신학교에 있는 학장실로 갔다. 퓰더는 그의 아내가 지켜보는 가운데 전영창에게 졸업장을 수여했다. 학장, 학장 부인, 전영창의 눈에는 눈물이 어리기 시작했다. 그것이 그의 웨스턴 신학교 졸업식이었다.

1951년 1월 14일 전영창은 한국에 돌아왔다.*

자기가 속해 있는 공동체의 행복과 무관한 행복은 허위 행복이다.

종교인은 자기가 믿고 있는 종교 집단이 어떤 집단이 되어 있는지 그 현실을 직시해야 한다. 자기가 속해 있는 종교 집단이 잘못되어 있는데 자기만 행복할 수 있다? 기독교인의 행복은 예수의 삶을 닮아가는 데 있다. 불교인의 행복은 부처의 삶을 닮아가는 데 있다. 유림의 행복은 공자와 맹자의 삶을 닮아가는 데 있다. 무신론자의 행복은 만약 신이 있다면 마땅히 역사 속에서 이

---

* 북한 교회들의 양떼를 버리고 남한으로 도망쳐온 목자들과 남아서 양떼와 교회를 지키며 순교했을 목자들. 누가 참 목자일까? 동과 서로 독일이 분단되었을 때 동독의 목자들 대부분은 서독으로 도망치지 않았다. 혹 그것이 독일이 통일을 이룩한 밑힘이 아닐까? 본 회퍼 목사도 미국 방문 시, 미국으로 망명하라는 미국 신학계와 친구들의 권유를 거절한 다음 히틀러의 치하에서 해야 할 일이 있다고 선언하고 독일로 돌아왔다.

런 일을 했을 것이라고 믿는 신의 삶을 자기가 대신 사는 것이다.

교육계에 몸담고 사는 사람은 교육계의 현재 모습을 볼 수 있어야 한다. 그리고 교육계가 가야 할 길을 위해 자기가 할 수 있는 무엇인가를 해야 한다. 교육계의 잘못되어 있는 현실과 무관하게 나만 행복하면 된다?

문화 활동 분야에 몸담고 사는 사람의 행복은 저질 문화상품을 생산해내어 돈방석에 앉는 데 있는 게 아니라, 굶어 죽더라도 사람을 생각하는 사람으로 성숙시켜 주는 문화 상품을 만드는 데 있다. 자기가 몸담은 문화와 예술이 자본주의의 상업성에 지배를 받는 상황을 애도하며 문화와 예술 활동을 하는 삶이 행복한 삶이다.

철학자요, 음악학자인 아도르노는 1, 2차 세계대전과 아우슈비츠의 시대에 낭만의 음악과 시를 쓰는 것은 야만이라고 했다.

자기가 걷고 있는 역사의 길 위에서 어떤 삶을 살아야 하는지를 묵상하며 사는 것이 복된 삶이다.

자신의 한계를 본 사람

절대자 앞에 마주 앉아본 사람.
하나님/부처님 앞에 무릎 꿇고 앉아본 사람.
절대자 앞에 맨발로 서서 자신의 가야 할 길을 본 사람.
그러나 그 길을 갈 힘이 자기에게 없는 것을 본 사람.
자신의 한계, 결점, 약점, 단점을 누구보다 잘 아는 사람.

자기가 살고 있는 세상의 참 모습을 보고, 그 세상이 어떻게
돌아가고 있는지, 어떤 집단에 의해서 다수가 고통을 겪는지를
알고 마음 아파하는 사람. 자식에게 따뜻한 세상을 물려주기 위
해 자기가 살아야 할 삶이 어떤 삶이어야 하는지 알기는 아는데
살아갈 힘이 없는 것을 아는 사람.

그러한 사람은 언제나 자신의 능력의 한계를 느끼게 마련이다.

자기 자신 속에도 제국주의 본능이 잠재해 있음을 보고,

"아, 내 속에도 제국주의 본능이 있구나!",

"아, 나도 힘을 숭배하는 존재이구나!"라고 비명을 지르는 그 사람이 복된 사람이다.

자기 속에도 힘을 숭배하는 본능이 있음을 발견하고 절망에 사로잡혀본 사람이 복된 사람이다.

자기도 이기심의 지배 아래 있는 존재라는 사실을 발견하고 놀라 자빠져본 사람이 복된 사람이다.

그래서 전영창은 "자신이 죄인임을 발견한 사람은 행복한 사람이다"라고 가르쳤다.

전영창이 말하는 죄인은 물론 감옥에 있는 사람들을 가리키지 않는다. 기독교를 믿지 않는 사람들을 가리키지도 않는다. 실제로 도덕적 죄를 지은 사람을 가리키지도 않는다. 감옥 밖에 있든, 감옥 안에 있든, 종교를 믿든 믿지 않든, 도덕적 죄를 범한 사실이 있든 없든, 모든 인간의 '한계'에 대해 말하고 있다. 하나님이 아니라 인간이라는 사실을 깨닫는 것이 죄인임을 깨닫는 것이라는 얘기다. 자신의 앎의 한계를 아는 것. 자신의 사상의 한계를 아는 것. 자신의 능력의 한계를 아는 것. 자신의 정의로움의 한계를 아는 것. 자신의 사랑의 한계를 아는 것. 자신의 신앙의 한계를 아는 것. 그렇게 하면 죄인임을 아는 것이라고 전영창은 말한다.

전영창은 누구보다도 자신의 결점, 특히 성격의 결점을 잘 아는 사람이었다. 그는 자신의 불같은 성격 때문에 자주 실수를 저지르고 괴로워했다. 그 실수들 때문에 괴로워해야 했고 그 괴로움 때문에 겸손할 수밖에 없었다. 그러나 괴로움 때문에 그는 더 자주 자신을 하나님 앞에 세우고 반성하고 회개하는 사람이 되어갔다. 그래서 그의 불같은 성격은 점점 정의를 갈망하고 학생을 사랑하는 쪽으로 발전해갔다. 따라서 그를 기억하는 사람들은 그의 사랑만 기억하고 있다. 그가 성격 때문에 저지른 잘못들은 잊어버리고 그의 사랑만, 정의감만 기억하고 있다.

그의 제자 신중신(거창고 6회 졸업생*)은 그의 일생을 이렇게 노래했다.

님은 하나님의 牧者로
이 고장에 오시어
여호와를 경외함과
십자가 寶血의 뜻을 받들어 行하시고.

님은 끓는 情熱, 타오르는 信念으로
이 학원을 일으켜 세워

---

* 거창고등학교 6회 졸업생들은 전영창이 한창 혈기 왕성하여 실수가 가장 많았던 때 배운 졸업생들이다.

眞理·사랑·正義의 具現으로
교육의 거룩한 사표를 보이시다.

不義 앞에서는
猛獸보다 더하고
一身의 苦難과 義務 앞에선
위대한 노예로 殉했던 이

님은 살아생전에
우리에게 소금과 빛이었고
죽어선 한 알의 밀알로
이 땅에 묻히시다.

1976년 5월 제자 신중신

자신의 한계를 아는 사람은 성자가 될 수 있는 사람이다.

원경선은 "이기심을 극복한 사람은 행복한 사람이다"라고 가르쳤다. 인간은 이기심의 노예다. 자기밖에 모르는 인간이다. 자기 가족의 이익밖에 모르는 존재다. 인간은 최소한 가족이기주의에서 해방되어야 진정한 인간이라고 가르쳤다. 가족이기주의에서 탈피해야 인류 사랑의 길을 갈 수 있다고 가르쳤다.

두 분의 그 가르침이 거창고등학회에 속한 세 학교의 행복관의 핵심이다.

자식과 자식의 자식에게 물려주고 싶은 세상은 힘을 가진 집단이 지배하는 세상이 아니라, 힘을 가진 사람과 집단이 힘이 없는 사람과 집단을 섬기는 세상이어야 하는데, 그런 세상을 만들고 싶어 하는 자신 속에 힘을 숭배하는 모습 또한 잠재해 있음을 보면 절망하게 된다. 그런데 왜 그 절망에 빠진 사람을 복된 사람이라고 하는가? 왜? 자신에게 절망하는 사람은 결코 좌절하지 않기 때문이다. 낙심하여 가던 길을 멈추지 않기 때문이다. 자신의 한계에 절망하는 사람은 환경과 상황에 절망하지 않는다. 그는 자신의 한계를 보았기 때문에 자신의 능력을 의지하지 않는다. 절대자/하나님/부처님의 도움을 청하게 되어 있다. 절대자는 절대로 그런 사람의 청을 거절하지 않는다. 자신의 힘의 한계를 발견하고 절대자에게 매달려 보다 밝고 따뜻한 세상을 만드는 힘을 달라고 도움을 청하는 사람을 절대로 거부하지 않는다. 왜? 그 사람이 바로 그 절대자를 대신해 이 땅 위에서 절대자의 꿈을 실현시켜줄 사람이기 때문이다. 절대자는 반드시 사람을 통해서 일한다. 에이전트를 통해서 일한다. 절대자의 에이전트가 되는 것보다 더 큰 행복이 어디에 있겠는가?

독일에 무신론자로 유명한 프란츠 베르펠이라는 작가가 있었다. 나치를 비판하는 글을 쓴 그는 히틀러의 노여움을 사서 도망치지 않으면 안 되었다. 그는 아내와 함께 프랑스를 횡단해 스페

인 국경으로 향했다. 독일의 비밀경찰 게슈타포가 그들의 뒤를
쫓고 있었다. 만일 잡히면 포로수용소로 가든지 사형을 당하든
지, 둘 중 하나였다. 스페인 국경을 넘어 미국으로 가는 것만이
그들의 유일한 희망이었다. 그런데 스페인 국경을 넘다가 스페
인 경찰에게 잡혔다. 뇌물을 주어도, 애원을 해도 소용이 없었다.
그들은 국경을 넘지 못하고 되돌아와서 루르드라는 촌에서 지내
게 되었다. 어느 날 밤 잠을 이루지 못한 그는 한 교회당 앞에서
이렇게 기도하였다.

"나는 당신을 믿지 않습니다. 정직하게 말씀드립니다. 그러나
내가 처한 위험은 너무 큽니다. 내 힘으로는 어쩔 수가 없습니다.
당신이 혹시라도 존재하리라고는 생각하지 않지만, 부탁드립니
다. 내 아내와 나를 도우셔서 저 국경을 넘어 미국에 갈 수 있게
해준다면 성 베르나데트의 이야기를 써서 전 세계에 알리겠습
니다."

이렇게 기도를 마치고 돌아온 베르펠의 마음속에 어디서부터
인지 모르게 평안이 스며들기 시작했다, 그날 밤 단잠을 자고 난
그는 결국 미국에 도착해《베르나데트의 노래Das Lied von Bernadette》
라는 책을 출판하였다.

절대자는 기독교인의 독점물도 아니요, 불교인의 독점물도 아
니다. 베르펠은 단지 히틀러에게 밉보이는 글을 썼을 뿐이다. 철
저한 무신론자였다. 그런 무신론자의 요청도 거절하지 않는 절
대자가 어찌 자기가 살고 있는 세상을 보다 밝고 따뜻하고 정의

로운 세상으로 만들어 자식과 자식의 자식들에게 물려주고 싶어 하는 자기 에이전트의 도움 요청을 거절하겠는가.

전영창은 자신이 걸어온 일생을 간단하게 기록하며 이렇게 끝을 맺었다.

"나는 대단한 권력도 없다. 그렇다고 친구 중에 백만장자도 없다. 또 나를 후원해줄 커다란 배경도 없다. 단지 내가, 원하든 원하지 않든 주님만을 바라보지 않을 수 없는 입장이며 믿고 의지할 데란 주님밖에 없으니 나는 그분에게 내가 필요한 모든 것을 다 맡겼다."

권력도, 돈도, 뒷배를 봐주는 사람도 없이 절대 정의, 절대 사랑, 하나님만 믿고 가야 할 길을 가는 삶이 참으로 복된 삶이다.

남의 아픔을 함께 아파하는 사람

인간은 남의 아픔을 외면하지 않고 함께 슬퍼해야 하는 존재이다. 그런 감정이 없는 사람은 일단 사람이 아니다. 그냥 먹고 싸기를 되풀이하는 짐승에 지나지 않는다. 인간이 인간다운 인간이려면 남의 아픔을 함께 느끼며 마음 아파하고 그를/그녀를 위해 할 수 있는 일을 해야만 한다.

어떤 기독교 장로인 의사가 한 중학교 선생이 세월호 참사 추모 배지를 달고 있는 것을 보고 "아직도 그걸 달고 있나?"라고 하며 너무하는 것 아니냐는 표정을 지은 적이 있다.

삼백여 명의 누군가의 어린 자식들이 어처구니없이 진도 앞바다에 수장되었다. 우리가 낸 세금으로 운영되는 국가의 방치 아래. 어린 것들의 어처구니없는 몰죽음을 그 의사가 살고 있는 지역의 대다수는 한낱 교통사고로 보고 있었다. 21세기 대한민국 역사에 최대의 비극으로 기록될 참사를 바다에서 일어난 교통사고로 치부하고 있었다. 그들은 지하철 참사로 숨진 동향인들의 죽음에 대해서도 침묵하고 있다. 그 참사의 진상을 밝혀 책임자들을 처벌하는 일이나, 죽음에 대해 적절한 보상을 하는 일을 위해 지금까지 한 일이 없다. 그들에겐 지하에서 일어난 지하철의 교통사고일 뿐이다. 그들의 눈에는 진상규명을 요구하고 책임자들의 처벌을 요구하고 적절한 보상을 요구하는 행동은 종북/친북의 행동으로 보일 뿐이다. 그래서 그들은 그러한 요구를 하는 사람들을 거침없이 빨갱이라고 부른다. 그 지역에서 이름 석 자를 대면 모두가 알 만한 인사가 공식 석상의 축사에서 이렇게 말했다.

"우리 ○○의 사람들은 생각이 없다. 너무 좁다. 우리 지역의 정서와 생각이 다른 사람은 무조건 좌익이라고 몰아붙인다. 세월호 참사를 위해 다른 지역 사람들이 하는 행동을 보라. 우리 ○○의 사람들은 지하철 참사를 위해 지금까지 무엇을 했는가 한 번 생각해보라……."

나는 그 원로의 한마디에 그 지역 사람들을 용서하기로 했다. 아! ○○에도 사람이 있구나! 하고 생각하며.

세상의 여론은 힘을 가진 집단과 그 집단이 흘려주는 권력과 돈의 떡고물에 정신을 잃고 기쁜 마음으로 하수인 노릇을 하는 엘리트들에 의해 만들어지고, 학자들은 그 만들어진 여론을 교묘한 이론으로 포장해주고, 언론은 만들어진 거짓 여론을 진실인 양 대대적으로 떠들어대어, 그 조작된 여론이 하나의 견고한 이념이 되게 만들어 1%의 집단과 그 하수인들이 99%의 희생 위에 천문학적 부를 쌓게 만들어준다. 그렇게 세상이 돌아가는 것이 정의이고, 그들이 만들어낸 이념이 진리이고, 이에 반대하는 집단과 사람들은 좌파이고, 종북 세력이고, 친북 세력이다. 그 좌파 세력은 한 하늘 아래에서 함께 살아갈 수 없는, 공존이 불가한, 제거되고 말살되어야 할 원수 집단이 된다. 또 그 이념은 교묘하게 수십 년에 걸친 지배 엘리트 집단의 최면술에 의해 특정 지역의 의식이 되어 세습된다.

남의 아픔을 외면하는 병은 유전자를 통해 유전되는 병이 아니다. '참사랑'을 갈망하는 마음이 없을 때 걸리는 병이다. 돈을 인격보다 더 사랑하고 권력을 정신보다 더 사랑하고 인기를 영혼보다 더 사랑하는 바이러스에 의해 전염된다. 정치 엘리트들의 권력 부스러기를, 경제 엘리트들의 돈 부스러기를, 학문과 종교 엘리트들의 명성을, 언론 엘리트들의 거짓 펜의 위력을 인격, 정신, 영혼보다도 더 사랑할 때 걸리는 병이다. 다른 사람은 나와는 아무 상관도 없는 타자일 뿐일 때 걸리는 병이 남의 아픔을 외면하는 병이다. 나만 행복하면 된다는 병이다.
이 병을 고치는 유일한 치료법은 다른 사람의 아픔에 공감하는 예민한 감성을 개발하는 것뿐이다.

아픔에도 여러 종류가 있다. 천재지변으로 겪는 아픔, 불치병 때문에 겪는 아픔도 있다. 많은 사람이 그러한 아픔들에는 적극적 반응을 보인다. 가뭄이 들어 그해 농사가 어려워지면 많은 사람이 농사짓는 사람들의 가뭄을 걱정해준다. 특히 유지라고 불리는 사람들이 그러하다. 딱히 비를 필요로 하지 않는데 비가 많이 와 농사를 망치게 될 때도 그렇다. 그런데 그러한 때 가뭄이나 비를 걱정하는 말을 수시로 입에 올리는 사람들이 정말로 농민을 걱정하는 것처럼 보이지는 않는다. 그냥 걱정하는 척할 뿐인 것 같다. 정작 농민들이 FTA 협상 같은 농민들의 경제적 위기 때 데모를 하면, 그들은 거침없이 농민들의 데모를 비아냥거리고, "농사짓는 것들이란 나라 생각은 안 하고 데모나 한다"고 농민들을 비하한다. 1980년대에만 하더라도 농민운동을 하는 농민들을 대놓고 싸잡아 '빨갱이 새끼들'이라고 하며 다 잡아넣어야 한다고 떠들었다. 한번은 전국의 농민들이 경운기를 몰고 국회 의사당으로 집결한 일이 있었다. 유지라는 사람들은 누가 창안해낸 여론인지는 몰라도, "저러면 외국 바이어들이 불안해서 우리 주식을 팔아버리기 때문에 주가가 떨어지고 수출이 안 된다"라고 투덜대며 나라 걱정을 했다. 그런 사람들은 정말 농사짓는 사람들의 아픔을 함께 느끼는 것이 아니다. 아파하는 척해야 유지로서의 체면이 서기 때문이다. 허위 아픔이다.

또 죄를 짓고 그 결과로 받는 아픔도 아픔이다. 그런 사람의 아픔도 어루만져주어야 할 아픔일 때가 있다. 그러나 그 아픔은 회개해야 할 아픔이다. 결과만을 아파하는 아픔은 진정한 아픔이 아니다. 그 죄를 지은 사람이 죄를 뉘우치고 회개하도록 일깨워주는 것이 그 사람의 아픔에 동참하는 것이다. 그 사람이 죄는 뉘우치지 않고, 즉 회개하지 않고 자기가 당하는 불행만을 가슴 아파한다면 그 아픔은 동참해야 할 아픔이 아니다. 박근혜를 보라. 잘못을 깨닫고 뉘우치며 국민 앞에 사죄하는 태도가 전혀 없다. 이명박도 마찬가지다. 신랄하게 규탄하는 것만이 이들의 아픔에 동참하는 것이다. 신랄한 규탄과 엄한 벌이 혹시라도 그들을 회개하게 만들지 모르기 때문이다.

또 어떤 일에 실패한 뒤 그 실패를 원통히 생각하고 술로 세월만 보낸다면 이때의 아픔도 무조건 위로해야 할 아픔은 아니다. 사람은 살아가면서 성공도 하고 실패도 한다. 실패로 인한 아픔을 겪지 않는 사람이 어디에 있겠는가. 실패의 원인을 함께 찾든지 아니면 스스로 찾도록 도와주든지 해야 한다. 남의 아픔이라고 해서 무조건 끌어안아서는 안 된다. 더구나 실패한 원인을 자기에게서 찾지 아니하고 일을 방해한 사람에게 깊은 원한을 품은 아픔은 동정의 여지가 없다. 전영창은 그런 아픔의 좋은 예로 나폴레옹의 아픔을 들고 있다.

코르시카라는 조그만 섬에서 가난한 집의 아들로 태어난 나폴레옹은 전쟁의 천재로서 어딜 가나 거의 백전백승했다. 그는 프랑스의 독재자였을 뿐만 아니라 전 유럽의 독재자로서 자기 맘대로 왕후장상이나 장관을 임명하기도 하고 파면하기도 하였다.

이렇게 전 유럽을 자기 손아귀에 넣고 흔들던 나폴레옹은 패배의 고배를 마시고 1814년 4월 11일에 퇴위하지 않으면 안 되었다. 길이 29km, 넓이 18km밖에 안 되는 섬으로 유배를 당한 나폴레옹은 이듬해 1815년 2월, 유배당한 지 1년 만에 몰래 도망쳐, 패잔병들을 모아서 루이 18세를 쫓아내고 다시 정권을 잡았다. 하지만 1815년 6월 18일 워털루 전쟁에서 패배한 결과 다시 퇴위당했다.

그는 미국으로 도망갈 것을 꾀하였으나 그 계획마저 좌절되고 말았다. 포로가 되느니 차라리 자발적으로 항복하는 것이 나으리라 생각한 그는 조그마한 모자를 쓰고 자기가 제일 좋아하는 군복을 입고서 벨레로폰 함으로 찾아가 투항하였다.

영국 플리모스에 도착하여 세인트헬레나 섬으로 귀양갈 것을 명령받은 그는 "나는 손님으로서 온 것이지 포로로 온 것이 아니다"라고 항의를 해 보았지만 이미 때는 늦었다. 며칠 전만 해도 유럽을 마음대로 뒤흔들던 나폴레옹은 황제라는 칭호를 박탈당한 뒤 패잔병으로서 몇몇 부하만을 데리고 8월 7일에 노섬벌랜드 함을 탔다. 그리고 2,800km 떨어진 '세인트헬레나'라는 조그만 섬, 황량한 무인도와 같은 섬으로 떠났다. 2개월여의 항해를 마치고 10월 16일 일요일에 상륙한 뒤 1821년 5월 5일에 (52세를 일기로) 위암으로 죽기까지 약 6년간 이 대서양 상의 층암 절벽으로 둘러싸인 고도에서 불평과 불만과 한숨과 눈물로 세월을 보냈다.

그는 몇 번이고 대우가 나쁘다고 항의를 해보았으나 소용이

없었다. 영어를 비교적 잘 읽고 말도 할 수 있었으나 영국 사람을
미워하는 나머지 영어를 쓰지 않았다. 얼마나 원한이 많았으면
그렇게 했겠는가? 가장 사랑하는 아내 마리 루이즈는 그를 배신
하였고, 아들은 오스트리아에서 죽었고, 친척들과의 서신 왕래
마저도 일체 금지당하였다. 그로 인해 그의 원한은 더욱 커졌다.
그는 죽음이 닥쳐올 것을 알았을 때 유언을 글로 남겼는데, 이런
구절이 있다.

> 때가 아직 남았는데 죽는다. 영국의 과두정치와 그들이 고용한 암살
> 자에 의해.

그 후 전 유럽을 혼자서 뒤흔들던 나폴레옹 보나파르트는 자
주 산보를 다니던 조그마한 연못가 수양버들 두 그루 옆에 묻히
고 말았다.

전영창은 자주, 천하를 뒤흔들던 나폴레옹과 평생 고생했고
대통령이 되어서도 멸시와 냉대를 받았으나 흑인들의 고통과 아
픔을 자기가 해결해야 할 평생의 과제로 삼고 살다가 암살당한
링컨 대통령 중 누가 행복한 사람이었는가를 학생들에게 묻곤
했다.[8]

복된 삶을 살려면, 다시 말해 보다 의미 깊게, 값지게, 진지하
게 살려면 눈물이 필요하다. 슬픔이 필요하다. 한숨이 필요하다.

고통이 필요하다. 이를 전영창은 "마치 다이아몬드가 보다 더 광채를 발하려면 새까만 벨벳 천의 배경이 필요한 것과 같다. 달 밝은 밤보다도 캄캄한 밤에 하늘의 별이 더 반짝이고 광채를 발한다. 그와 같이 눈물과 한숨과 고통을 배경으로 하고 이루어진 생이라야 보다 더 빛나고 아름답고 의미 있는 생이 된다"고 말했다.[9]

The eye that never knows tears would lack essential tendermess. The mind that never mourns would not possess the mellowness needed for friendship and love.

눈물을 흘려보지 않은 눈은 참 부드러움을 모른다. 슬피 울어보지 못한 마음은 우정과 사랑을 만들어주는 부드러움을 갖추지 못한다.

— 랄프 속맨

또 그는 학생들에게 이런 영시를 소개하며 슬픔과 고통에 지지 말고 이겨내라고 격려했다.

I walked a mile with Pleasure.

She chattered all the way.

But left me more the wiser.

For all she had to say.

I walked a mile with Sorrow.

and never a word said she.

But oh, the things I learned from her,

When Sorrow walked with me.

쾌락과 함께 십 리를 갔지.

쾌락은 쉬지 않고 지껄였지.

헤어졌을 때 그 말들은

나를 조금은 현명하게 만들었지.

슬픔과 함께 십 리를 갔지.

슬픔은 한 마디도 안 했네.

함께 걷기만 했네.

얼마나 많은 것을 그녀에게서 배웠는지!

— 로버트 브라우닝 해밀턴

그렇다. 전영창의 행복론, 곧 거창고등학회의 행복론은 고통과 슬픔을 강조한다. 결코 즐겁고 기쁘고 신나는 삶이야말로 행복한 삶이라고 말하지 않는다. 슬픔과 고통을 통해서 얻는 더 깊고 더 크고 더 영원한 불멸의 행복을 가르친다.[10]

To suffer passes away; but there suffered never passes.

고통스러운 일은 지나가지만, 받은 고통은 영원히 남는다.

— 프랑스 격언

고통스러운 일은 없어지지만 견디고 참아온 아픔은 인생을 보다 더 의미 있게 하고 진지하게 하고 깊게 하며 동시에 이해와 측은지심을 가지게 한다는 뜻이다.

자신이 어떻게 할 수 없는 천재지변이나 불치병이나 스스로 지은 죄의 결과로 받는 고통과 슬픔도 감당하기 힘든데, 하물며 나의 잘못도 책임도 아닌 다른 사람의 고통과 슬픔을 내 것처럼 느끼는 삶은 얼마나 더 깊고 넓고 높은 가치의 삶을 가져다주겠는가?

악도, 하나님도 사람을 통해서 힘을 발휘한다.

하나님과 맞먹는 힘을 가진 악*의 하수인이 부패와 욕심으로 얻은 돈과 권력의 힘으로 만들어내는 정치·경제·언론·학문·사회·문화·종교 구조가 있다. 이 구조는 1%의 행복을 위해 99%를 희생하게 한다. 최고로 행복한 삶은, 이 구조에 의해 고통받는 사람들의 아픔을 외면하지 않고 예수처럼 자기의 책임으로 떠안고 살아가는 삶**이다. 다시 윤동주의 시를 읊어야 할 때이다.

거창고등학회에 속한 직원들 일부와 그들의 가족 또는 거창고등학회의 교육이념에 공감하는 사람들 소수가 모여서 예배를 드리는 모임이 있다. 언젠가부터 거고교회라고 부르기 시작했다.

---

* 1, 2차 대전과 아우슈비츠를 경험한 한나 아렌트는 말한다. 근본악은 실제로 존재한다. 그 악은 벌을 줄 수도 없고 용서할 수도 없다. 인간이 어떻게 할 수가 없다.

** 요한복음의 저자는 예수의 생애를 '세상의 죄를 지고 가는 삶'이라고 표현했다.

실은 교회church라기보다는 모임assembly이다. 거고교회에서 유보성 목사는 이렇게 가르친다.

"사람이 타인의 고통을 내 고통으로 짊어지고 함께 아파하는 compassion, 함께 수난당하는 마음, 이것이 인간다움의 정수이다. 이것이 곧 히브리 민족의 인간다움의 모델이고, 이런 인간이 되고자 하는 것이 믿음의 정수이어야 한다."

그의 가르침을 듣고 모두 함께 이렇게 기도드린다.

주님, 저희 몸이 아플 때 통증감각을 주신 이유는
모든 아픈 것을 볼 때 통증을 느끼길 바라서이시겠지요?
그런데 세상 도처에서 아프다고 비명을 지르는데도 내 통증신호는 켜지지 않을 때가 많습니다.
저희를 불쌍히 여기셔서 멎어 있는 통증신경을 다시 작동시켜 주시옵소서.
오직 통증감각만으로 사람을 찾아다니고 만나셨던 예수님 이름으로 기도합니다. 아멘.

그렇다. 통증감각으로 숨 쉬는 인간이 복된 사람이다.

져주는 사람

이긴 자가 행복한가?
강한 자가 행복한가?
이긴 나라가 행복한가?
강대국이 행복한 국가인가?
글쎄요?

인생은 한 번만 이기면 된다.

살다보면 '이쪽으로 갈까? 저쪽으로 갈까?'를 결정해야 할 갈
림길을 만난다. 그때 어느 한쪽만 택할 수 있을 뿐이다. 두 길을
다 갈 수는 없다. 이처럼 한쪽만을 선택해야 하는 싸움보다 더 중
요한 싸움은 없다. 다른 싸움은 이겨도 그만, 져도 그만이다. 왜?

이겼다고 행복한 것도 아니고, 졌다고 불행한 것이 아니기 때문이다. 행복은 이기고 지는 문제가 아니다. 축구 시합에서 이기면 기분이 날아갈 듯 좋다. 기분이 날아갈 듯 좋다고 해서 행복한 것이 아니다. 지면 기분이 나쁘다. 기분이 나쁘다고 해서 불행한 것 또한 아니다. 시험에서 일등 했다고 해서 행복한 것은 아니다. 시험에서 꼴찌 했다고 해서 불행한 것도 아니다. 행복은 경쟁에서 이기고 지는 문제와 상관이 없다. 그런데도 왜 사람들은 경쟁에서 이기기 위해 발버둥 치는지? 특히 왜 온갖 선거에 나온 사람들은 이기기 위해서 수단과 방법을 가리지 않는지?

그러나 반드시 이겨야 하는 싸움이 있다. 바로 삶의 여정에서 갈림길을 만났을 때 어느 한쪽을 선택해야 하는 싸움이다. 살다 보면 선택의 기로에 서야 할 때가 한 번만 있는 것이 아니다. 선택의 기로마다 바른 선택을 할 수 있는 비결은 무엇일까?

비결은 첫 싸움에서 이기면 된다.

첫 싸움에서 이겨라.

어느 쪽으로 가야 할지를 결정해야 할 때 한 번만 자신에게 이기면 된다.

첫 싸움에서 이겼다고 해서 다음 싸움을 쉽게 이길 수 있다는 말은 아니다. 오히려 첫 싸움보다 두 번째 싸움이 더 힘겹다. 두 번째 싸움보다 세 번째 싸움이 더 힘겹다. 왜일까? 두 번째 갈림길을 만났을 때는 첫 번째 결정 후에 걸어온 길이 얼마나 힘들었는지를 알고 있기 때문이다. 세 번째 갈림길을 마주했을 때에는 그동안 걸어온 길이 얼마나 힘들었는지를 더 잘 알기 때문이다. 다만 다행인 것은 갈림길에서마다 더 힘들기는 하지만 선택의 시간이 짧아진다는 것이다. 왜? 걸어온 길이 힘들었지만 선택의 횟수가 거듭될수록 그 힘든 길이 참 행복한 길이었음을 경험했기 때문이다. 걸어온 길이 너무도 힘들어 제대로 걸어오지 못했음을 통탄할 수밖에 없음에도, 자신이 실패자임을 알면서도 후회하지는 않는다. 왜?

다시 돌아가 첫 선택의 기로에서 싸워야 하게 되더라도, 그때 선택했던 길을 또다시 선택할 것을 알기 때문이다.

미국 유학 중이던 전영창이 6.25 전쟁 소식을 듣고 전쟁 중인 고국에 돌아온 이유가 무엇일까? 그는 1951년 1월 14일 미 공군 수송기를 얻어 타고 부산 수영 비행장에 내렸다.

그는 이렇게 고백하고 있다.

"미국 남침례교의 거두였던 조지 트루엣 박사의 설교집을 매우 좋아합니다. 제가 1951년 정월에 미국에서 돌아오게 된 동기는 그의 설교 중에서 〈Who is my neighbor?(누가 내 이웃입니까?)〉를 읽은 데 있습니다. 이 설교의 결론에 이런 말이 있는 것을 기억합니다.

'여러분, 오늘도 저 중국에서 수백만 사람들이 전쟁과 기근으로 말미암아 얼마나 큰 고통을 당하고 있는지를 생각해보십시

오. 오늘 밤에도 굶주린 창자를 움켜쥐고 잠자리로 가는 이 비인
도적 전쟁의 무수한 희생자들인 수백만의 어린 것들과 그 어머
니들을 생각해보십시오. 그들 중에는 너무도 배가 고파 내일 해
가 뜨기 전에 죽을 사람들이 많이 있습니다. 우리 구주 예수님께
서 이들을 보실 때 그 마음이 얼마나 아프시겠습니까?'"

  일본 고베의 중앙신학교에서 공부하던 그는 한인 교회에서 주
일학교 학생들과 중등부(지금의 중고등부)를 지도했다. 그때 그
는 아이들에게 독립신앙을 고취하는 설교를 자주 했다. 그로 인
해 1941년 12월 7일 일본 경찰에 체포되어 독립사상을 고취했다
는 죄목으로 1년간 고베 형무소에서 옥살이를 했다. 그는 주일학
교 학생들을 맡아 가르칠 때 어떤 설교를 해야 할지를 결정해야
했다. 일본이 싫어하는 설교를 피할 수도 있었다. 그냥 예수를 믿
으면 죽은 다음에 천당에 간다는 설교만 할 수도 있었다. 그러나
그는 1940년대의 기독교 청소년들에게 해야 할 설교는 '독립신
앙'에 대한 설교여야 한다고 믿고 그 길을 택했다. 왜 위험한 길
을 택했을까?

  1934년 전주에 있는 신흥중학교(당시는 5년제 중학교로 지금
의 중고등학교에 해당한다)를 졸업한 그는 고향에 있는 모교 적
상초등학교(전북 무주군 적상면 소재)에서 교사 생활을 시작했
으나, 교장 몰래 학생들에게 조선사와 한글(당시에는 학교에서
일본사와 일본어를 가르쳤다)을 가르치다가 5개월 만에 쫓겨났

다. 당시 초등학교 교사는 좋은 직업이었다. 그리고 교사는 징용이 면제되었다. 비록 일제 치하이지만 교사로 편안하게 살 수 있었는데 왜 한글과 조선사를 가르치는 위험한 길을 택했을까?

신흥중학교에 다니던 시절 그는 학교 공부에 전념하는 대신에, 지금의 전주 효자동에 야학교를 세워 아이들에게 조선사와 한글을 가르쳤다. 한글 교재는 심훈의 《상록수》였다. 공부에만 전념해 대학에 진학해야 할까, 아니면 작은 동네의 소수의 아이들이지만 일본말과 일본사만을 배워야 하는 이들에게 조선사와 한글을 가르쳐야 할까? 그 기로에서 그는 후자를 택했다. 밤마다 효자동까지 걸어가 학생들을 가르치느라 학교 공부는 등한히 할 수밖에 없었다. 영어와 수학만 잘했다고 한다. 그는 52명 중 51등으로 졸업했다. 친구들은 공부에만 전념하여 세브란스 의과대학에 가기도 하고 고려대학에 가기도 했는데, 그는 야학에 전념하느라 대학에 가지 못하고 고향으로 돌아가야 했다.

전영창의 첫 갈림길은 '야학이냐 대학이냐'였다. 심훈의 《상록수》를 읽고 주인공 채영신의 삶에서 큰 감명을 받았던 그는 야학의 길을 택했다.

그 첫 선택이 1950년 6.25가 일어났을 때 북한의 남침 소식을 듣자마자 졸업논문을 쓰고 있던 전영창이 졸업을 포기하고 귀국을 결심하는 두 번째 선택을 하게 했고, 1955년 두 번째 유학을 마치고 돌아온 뒤 대전의 모 대학교의 부학장 자리를 택하지 않고 거창고등학교를 세운다는 세 번째 선택을 하게 만들었다. 귀국하는 그의 가방에는 그를 키워준 스승이요, 은인인 린턴* 선교사로부터 받은, 귀국 즉시 부학장으로 오라는 편지가 들어 있었다.

의과 대학으로 진학한 친구는 의사가 되었고, 고려대 상과에 진학한 친구는 자유당 때 상공부 장관의 비서가 되었고, 법과대학을 나온 친구는 국회 부의장까지 되었고, 명문대학의 총장이 되기도 하고, 대학교수도 되고, 국회의원도 되고……. 일제 강점기 시절 대학을 나온 사람들이 누렸던 돈과 명예와 권력의 경쟁에서 그는 졌다. 고등학교 시절 아이들에게 우리말과 조선사를 가르치는 야학의 길을 택했던 그는, 일본 유학시절엔 교회 아이들에게 예수 믿고 천당 가는 것으로 만족하라고 가르치는 대신 독립신앙을 가르치는 길을 택했던 그는, 신학교 4학년을 다 마치고도 감옥에 끌려가는 바람에 졸업장을 받지 못한 그는, 미국 웨스턴 신학교에서 4년간의 공부를 마치고도 6.25 소식을 듣고 부랴부랴 귀국하느라 학사 학위도 못 받은 그는, 성공과 출세의 길에서 지기만 했던 그는 과연 실패한 인생길을 걸어간 패배자인가?

원경선은 사업수완이 뛰어나 돈을 제법 많이 벌었다. 그러나

---

* 한국 이름은 인돈. 지금의 한남대학교의 전신인 대전대학의 설립자요, 신흥중고등학교의 설립자이다.

그는 사업을 접고 전쟁과 굶주림이 없는 평화의 세상을 위해 풀무원 공동체를 만들어 일생 동안 평화 운동을 했고, 전영창과 함께 거창고등학교를 위해 살다 갔다. 자녀들에게 한 푼의 유산도 남기지 않고 간 그를 보고 불행한 삶을 살고 갔다고 말할 수 있는가? 일제 강점기 시절 서울대 의대를 나와 한국 제일의 외과 의사로 살고서도 자기 이름으로 된 집 한 칸 가져보지 못한 장기려 박사는 삶이라는 경쟁의 광장에서 패배한 사람인가?*

직업 선택의 십계

1. 월급이 적은 쪽을 택하라.
2. 내가 원하는 곳이 아니라 나를 필요로 하는 곳을 택하라.
3. 승진의 기회가 거의 없는 곳을 택하라.
4. 모든 조건이 갖추어진 곳을 피하고, 처음부터 시작해야 하는 황무지를 택하라.
5. 앞을 다투어 모여드는 곳은 절대 가지 마라. 아무도 가지 않는 곳으로 가라.
6. 장래성이 전혀 없다고 생각되는 곳으로 가라.
7. 사회적 존경 같은 건 바라볼 수 없는 곳으로 가라.

---

* 원경선과 장기려는 평생 거창고등학교의 이사로 있었다. 이 둘은 전영창, 홍종만과 더불어 거창고등학회의 영원한 스승들이다. 둘은 아이들에게 행복한 삶의 길을 보여주었고 가르쳐주었다. 그들이 가르쳐준 행복한 삶을 위한 길잡이가 '직업선택의 십계'로 거창고등학교 강당 뒷벽에 걸려 있다.

8. 한가운데가 아니라 가장자리로 가라.

9. 부모나 아내나 약혼자가 결사반대를 하는 곳이면 틀림없다. 의심 치 말고 가라.

10. 왕관이 아니라 단두대가 기다리고 있는 곳으로 가라.

누구에게나 한 번은 갈림길에 서야 할 때가 있다. 그때 선택한 길이, 후에 살아가면서 갈림길에 설 때마다 선택의 열쇠가 된다.

선택의 기로에서 마귀에게 이기는 길은 자기에게 이기는 것이다.

예수는 공생애를 시작하기 전 광야에 들어가 40일을 금식하며 기도했다. 40일 금식이 끝난 그에게 마귀가 던진 첫 시험은 돌로 빵을 만들어 먹으라는 것이었다. 예수는 "사람은 빵으로만 사는 것이 아니라, 하나님의 말씀으로 산다"라고 맞받아쳐 첫 시험에서 이겼다. 첫 시험을 이긴 그가 두 번째 시험과 세 번째 시험에서 이긴 것은 당연한 결과였다. 그는 일생 동안 십자가를 지지 말라는 마귀의 유혹을 여러 번 받았으나 다 이겨냈다. 십자가 처형을 받기 전날 밤 겟세마네 동산에서 밤을 새우며 기도할 때는 정말 힘들었다. 십자가의 죽음을 피하고 싶은 갈망이 커 "할 수만 있다면 십자가만은 피하게 해 달라"고 시작한 기도가 "내 뜻대로 하지 말고 아버지의 뜻대로 하십시오"라고 끝났을 때 땀이 피가 되어 흘렀다. 그도 인간이었기 때문이다.

인생은 다른 사람과 경쟁해서 이기고 지는 싸움판이 아니다.

다른 사람과의 싸움엔 모두 져줘라. 다른 사람과의 경쟁에서 이겨 출세하고 성공하는 길은 행복을 얻는 길이 아니다. 오직 자신과 싸워 이겨야 복된 삶을 살 수 있다.

한 번만 이겨라. 그러면 평생 복된 삶의 길을 갈 수 있다.

정의로운 세상을 갈망하는 사람

정의를 갈망하는 사람은 예수가 되기를, 부처가 되기를, 공자가 되기를 갈망하는 사람이다.

자기가 믿는 종교의 절대자의 마음을 품기를 갈망하는 사람이다. 자기가 믿어 섬기는 절대자가 산 삶과 같은 삶을 살기를 갈망하는 사람이다. 그래서 끊임없이 예수의, 부처의, 공자의 삶과 가르침을 묵상하고 실천하고 또 실천하고 묵상하기를 끊이지 않는 사람이다. 그러한 삶이 참 행복한 삶이다.

예수가 되고 부처가 되고 싶어 하는 사람은 자연히 예수가 이 땅 위에 가져오고 싶어 하던 세상, 부처가 개조하고 싶어 하던 세상, 공자가 만들고 싶어 하던 세상, 곧 정의가 강물처럼 흐르는 세상을 갈망하지 않을 수 없다.

먼저 필자가 한겨레신문에 기고했던 글을 소개하려고 한다.

한 사회/국가(이하 사회 또는 국가라고 함)가 건강한 국가, 사람이 살 만한 사회가 되게 해주는 것을 도덕이라고 한다. 그 도덕의 핵은 정의다. 정의가 무너진 사회에서는 어떤 덕목도 무용지물이 된다. 그런 의미에서 정의는 사회를 사회답게 하는 유일한 도덕이라고 할 수 있다.

개개인의 도덕이 모여 한 사회의 도덕이 되는 것이 아니라 한 사회의 도덕이 소속된 개인들의 도덕을 지배한다. 다시 말하면 한 사회에 편만한 문화와 가치가 개개인의 삶에 너무도 큰 영향력을 발휘한다. 한 개인의 도덕은 그 사회에 편만한 문화, 즉 가치 앞에서 무기력하다.

예수는 "하나님과 돈을 똑같이 섬길 수 없다"(마태복음 6장 24절)고 했다. 사회에 적용시키면 '정의와 돈'은 함께 추구할 수 없다는 뜻이다. 한 사회가 정의를 추구하면서 동시에 돈도 추구하는 것은 불가능하다. 정의의 실현에서 부수적으로 얻어지는 성장만이 참 성장이다. 성장을 제일 가치로 알고 정의를 희생해가면서 얻은 성장은 그 사회를 파멸로 몰고 간다. 우리나라는 언제부터인가 경제성장을 국가의 최고 가치로 정착시켰다. 성장이 우리 사회의 신이 되었다. 국가도 교회도 학교도 돈벌이를 최고의 가치로 삼는 사회가 되었다. 국가는 국민 소득으로, 교회는 헌금 액수로, 학교는 일류 직업을 가질 수 있는 일류 대학에 몇이나 입학시키는가로 그 가치가 매겨진다.

임진왜란을 통해 신은 조선이 백성들에게 강요하던 충효와 절개라는 유교적 덕목으로 국가가 유지되는 것이 아니라 정의로 국가가 유지된다는 진리를 깨우칠 수 있는 기회를 우리에게 주었다. 그런데 불행하게도 우리는 임진왜란의 교훈을 깨닫지 못했고 결국 일본에게 먹히는 비극을 겪어야 했다. 충효니 젠틀맨쉽 따위의 도덕이 사회를 살 만한 세상으로 만들어준다는 도덕론은 고대 제국시대부터 내려오는 권력의 프로파간다이다. 일제 36년의 강압통치를 겪고도 한 사회를 떠받치는 힘이 정의라는 사실을 깨닫지 못했다. 역사를 신의 계시로 읽지 못하는 백성은 망한다. 우리 민족은 미국이 주축이 된 강대국들의 이해관계로 남과 북으로 나라가 쪼개지는 통한의 비운을 맞고도 깨치지 못했다. 그리고 6.25라는 값비싼 비극을, 정의가 사회를 건강한 사회로 만들어준다는 진리를 깨우치려는 신의 회초리로 받아들이지 못하고 북은 북대로 김일성 왕조를 구축하는 데, 남은 남대로 이승만의 영구집권과 자유당 일당독재를 구축하는 데 국가의 모든 정력을 쏟아부었다.

그렇게 여러 번 기회를 주었는데도 어른들이 정의가 사회를 지탱하는 힘이라는 사실을 깨닫지 못하자 청계천의 불쌍한 거지들과 어린 학생들이 들고 일어나 자유당 독재정권의 하수인 노릇을 하던 경찰의 총구를 향해 돌진하여 이승만 정권을 무너뜨리는 4.19라는 신의 은총을 얻어냈다.

오호 통재라! 이 어린 것들의 피로 얻은 정의를 군화로 짓밟은 어른 세대여! 어린 것들의 생명으로 얻은 4.19를 군화로 짓밟고서 붙인 이름이 혁명이라니. 혁명이란 정의가 실종된 사회에 정의를 회복시키는 일인데.

그 군화정권이 내건 것이 경제성장이었다. 경제성장을 민족중흥의 역사적 사명으로 삼았다. 역사적 사명이란 곧 신의 다른 이름이다. 고대국가 시대에서부터 근현대의 도조의 일본, 히틀러의 나치 독일, 무솔리니의 파쇼 이태리 군국주의 제국들이 내건 슬로건이 바로 '민족중흥'이었다. 온갖 식전마다, 심지어 극장에서 영화를 보기 직전까지 민족중흥을 암송하며 살아야 했던 어둠의 시절에 해직과 투옥 심지어 죽음으로 맞선 것은 젊은이들과 어린 학생들이었다. 박정희, 전두환, 노태우의 군사정권을 무너뜨린 것은 어린 박종철 군의 피였다. 우리 금쪽같은 새끼들의 피로 얻은 시민정권을 사이비 시민정권 이명박과 박근혜에게 넘겨준 세대는 과연 어린 세대인가, 어른 세대인가?

성수대교 붕괴 참사, 삼풍백화점 붕괴 참사, 용산 참사, 대구 지하철 사고 참사 등을 통한 신의 메시지를 헛되이 넘겨 버린 어른 세대에게 드디어 들이닥친 사건이 어린 유아원생들의 컨테이너 화재 참사와 대학 신입생들의 강당 천장 붕괴 참사였다. 어린 생명들의 희생이 주는 메시지를 신이 주는 메시지로 받아들이지 못하는 민족은 망한다.

돈과 정의의 관계는 반비례한다. 돈을 추구하면 정의는 설 자리가 없다. 한 사회가 얼마나 돈을 최고의 가치로 삼고 운영하느냐에 따라 그 사회의 정의의 폭이 결정된다. 돈이 전부가 되면 정의는 전무가 된다.

정치의 목적은 정의의 실현에 있다.

정치적 정의란 힘을 가진 사람이 힘이 없는 사람을 돌보는 것이다.

경제의 목적은 평등 실현에 있다.

경제에서의 정의란 한 사회가 생산해낸 부를 공정하게 분배하는 것이다.

부의 편중과 독점을 막는 것이다.

문화의 목적은 자유의 실현에 있다.

누구나 먹고사는 생존에 목을 매지 않고 자기가 하고 싶은 일을 하면서 삶의 기쁨과 신비를 맛보며 살 수 있는 사회가 자유로운 사회다.

종교와 교육은 한 사회를 떠받치는 두 기둥이다.

종교의 임무는 정의가 무엇인지, 참 평등이 무엇인지, 참 자유가 무엇인지를 선언하고 특히 정치가 그러한 정의와 평등과 자유를 위하여 권력을 제대로 사용하는지 감시하고 경고하고 질타하는 것이다. 교육의 임무는 아이들이 선거권을 가진 성인이 되었을 때 정당이나 정치가 발표하는 정책들이 누구에게 유리한 정책인지를 판단할 수 있는 지적 능력을 갖추어주는 것이다. 종교와 교육이 정치권력과 야합하여 한통속이 되거나 시녀 노릇을 해서는 안 되는 이유가 거기에 있다. 종교가 정치권력과 결탁하면/국교가 되면 정의가 설 자리가 없다. 정의를 감시해야 할 종교가 정치권력과 결탁하면 정의 아닌 것을 정의라 하고 정의를 불의라고 가르쳐 시민의 눈을 멀게 하기 때문이다. 정의와 불의를 구분 못 하는 것이 무지다.

교육이 정치권력의 시녀가 되어 타락하면 어떤 정당이, 어떤 후보가 자기편인지를 알아보는 눈이 먼다. 자기편과 반대편을 알아보지 못하는 것이 무식이다. 그래서 찍어서는 안 되는 사람을 찍어 제 발등을 제가 찍는 눈뜬장님들을 만들어내게 된다.

누가 한 사회의 신이 돈이 되느냐, 정의가 되느냐를 결정하는가? 엘리트들이다. 정치 · 경제 · 언론 학문의 엘리트들이다. 종교 학문의 엘리트들이다. 그들이 한 사회의 도덕을 결정하는 가장 막강한 힘을 가지고 있다. 힘없는 시민들이 아니다. 권력을 장악한 엘리트 집단이 한 사회에서 일어나는 모든 불행한 사태에 대해 책임을 져야 하는 이유가 여기에 있다.

어떤 사건도 그냥 우연히 일어나지 않는다. 한 사회에 누적된 죄가 종합적으로 모여서 발생한다.

세월호의 비극은 목사도, 승려도, 정치가도, 기업가도, 학자도, 교육자도 모조리 돈을 섬기는 장사꾼이 되어버린 정의 부재의 사회가 빚어낸 비극이다.*

어느 사회나 공동체─가정에서 인류 공동체에 이르기까지 크

---

* 게재된 글 말고 원문을 실었다.

거나 작거나―를 건강하게 지탱해주는 기둥은 정의이다. 사랑으로 실현되는 정의이다. 칼과 총으로 만드는 정의는 악이다. 그래서 사회를 받치는 기둥은 정의와 사랑 둘인 셈이다. 정의는 힘을 가진 사람이 힘을 가지지 못한 사람, 힘을 가진 집단이 힘을 가지지 못한 집단을 섬기는 사랑이다.

정의를 갈망하는 마음 없는 나라사랑은 한 공동체를 전체주의로 몰고 간다. 악 중 악이다. 그런 애국심이 히틀러를 낳고 이등박문을 낳고 박근혜를 낳는다.

정의를 갈망하는 마음을 품고 사는 사람이 행복한 사람이다. 최소한 그런 마음 하나 품고 살아야 한다. 자기가 살고 있는 사회에 정의가 강물처럼 흐르기를 갈망하는 마음이 없는 종교적 신앙은 자신에게 독이 될 뿐 아니라 사회에도 무서운 독이 된다. 그러한 갈망이 없는 교육·예술·학문 또한 자신과 사회에 독이 될 뿐이다. 그러한 갈망이 없는 사람들이 모여 만든 집단이 커지면 공동체를 전체주의의 구렁텅이에 빠뜨린다. 우리는 나치 독일과 파시즘의 이탈리아와 제국주의 일본의 미치광이 짓을 경험하지 않았는가? 대한민국은 경제성장이라는 신을 섬기며 전체주의의 길을 달려 왔다. 4.19, 촛불시위는 전체주의를 향해 굴러가는 수레바퀴를 잠시 멈추게 했다. 앞으로도 4.19와 촛불시위의 횃불을 꺼뜨리지 말아야 한다. 꺼뜨리는 순간 정의를 갈망하는 마음 없는 애국심이 되살아날 것이다. 전체주의는 인류 문명의 역사 속에서 완전히 죽은 적이 없다. 불리할 때에는 기회를 노리며 숨

죽이고 있을 뿐이다. 정의의 횃불도 영원히 죽지 않지만 전체주의의 횃불도 절대로 죽지 않는다.

정의의 실현을 위해서 적극적인 일을 하면서 살 수 있는 사람이 있고, 그렇지 못한 사람도 있다. 정의의 실현을 위해 소극적이나마 자기가 할 수 있는 일을 거들면서 살 수 있는 사람도 있다. 어떻든 누구나 정의를 갈망하는 소망 하나는 품고 살 수는 있지 않은가? 이 한 마음 품고 사는 것이 복된 삶이다. 돈과 권력과 명예를 감아쥔 삶은 복된 삶이 아니다.

용서할 줄 아는 사람

예수처럼 살기를 갈망하는 사람, 부처처럼 살기를 갈망하는 사람, 공자와 같은 삶을 살기를 갈망하는 사람은 자비한 마음을 품지 않을 수 없다. 모든 사람을 품을 수 있는 자비심의 소유자가 되지 않을 수 없다. 자비심의 극치는 용서이다. 사랑은 용서로 완성된다.

용서는 어떤 경우이든 상대방의 회개를 촉구하는 것이다.

용서는 단순히 벌을 주지 않는다거나 잊어버리는 것이 아니다. 용서는 상대방의 회개를 촉구하는 일이다. 4.19는 이승만과 그의 추종자들의 회개를 촉구하는 사건이었고, 박종철 군의 죽음은 전두환과 일당들의 회개를 촉구하는 사건이었다. 촛불집회는 이명박과 박근혜, 그들과 한통속이었던 집단의 회개를 촉구하는 집회였다. 그래도 회개하지 않으면 역사의 심판을 받게 된다. 그 역사의 심판을 신의, 정의의, 민중의 심판이라고 한다.

세상에서 제일 어려운 일이 용서이다. 나에게 아무 이유 없이 해를 끼치는 사람, 이유 없이 나를 싫어하고 미워하는 사람을 용서하는 일처럼 어려운 일은 없다. 그러나 용서하는 마음을 가지고 사는 사람처럼 행복한 사람은 없다. 용서하지 못하는 사람이 불행한 사람이다. 정의를 갈망하는 마음이 완전해져 대자대비한 성인의 경지를 향하여 성숙해져야 한다.

용서는 단순히 벌을 주지 않는다거나 보복을 하지 않는 것이 아니라 상대방의 회개를 촉구하는 것이다. 엄해야 할 때 엄해야 하고, 부드러워야 할 때 부드러워야 한다. 따라서 지혜가 필요하다. 내가 41년간의 교사 생활에서 제일 많이 잘못한 부분이 바로 이 부분이다. 거꾸로 한 일이 너무도 많다. 스스로를 실패한 교사라고 생각하는 이유가 바로 이 때문이다. 용서를 잘못한 것에 대한 후회가 막심하다.

사람의 행복의 크기는 그 사람의 용서의 능력에 비례한다. 이것이 부처의 가르침의 핵심이다. 예수의 가르침의 핵심이다. 부처는 이 용서의 마음을 '대자대비'라 했고 예수는 '원수까지 사랑하는 마음'이라 했다.

원수를 사랑하고, 너희를 박해하는 사람을 위하여 기도하여라. 그래야만 너희가 하늘에 계신 너희 아버지의 자녀가 될 것이다. 아버지께서는 악한 사람에게나 선한 사람에게나 똑같이 해를 떠오르게 하시고, 의로운 사람에게나 불의한 사람에게나 똑같이 비를 내려주신다.

……

너희를 사랑하는 사람만 너희가 사랑하면 무슨 상을 받겠느냐?
너희가 너희 형제자매들에게만 인사를 하면서 지내면, 남보다 나을 것이 무엇이냐?

……

그러므로 하늘에 계신 너희 아버지께서 완전하신 것같이 너희도 완전하여라.

— 마태복음 5장 43절-48절

원수까지 사랑하여 원수를 위해서 기도하고 용서하는 사람이 완전한 사람이라고 했다. 성질이 좀 급하고 화를 잘 내기도 하고 여러 가지 결점이 있더라도 원수가 회개하기를 바라는 마음으로 용서하고 그를 위해서 기도한다면 완전한 사람이라는 말이다.

또 용서하는 마음, 곧 대자대비한 마음은 나의 탓이 아닌 타인의 불행을 나의 책임으로 삼고 살아가는 마음에서 시작한다. 나 때문에 생긴, 또는 내가 간접적인 원인이 된 고통이 아닌데도, 그 고통을 당하는 사람을 내가 돌보아야할 사람으로 알고 돌보며 사는 삶이다. 이런 삶을 예수는 사마리아 사람의 이야기로 표현했다.

예루살렘에서 여리고라는 곳으로 내려가는 길은 외지고 험해서 강도가 나타나곤 했다. 어느 날 한 유대인 남자가 여리고로 내려가다가 길에서 강도를 만났다. 가진 것을 다 뺏기고 맞기까지 했다. 강도는 죽어가는 그를 길가에 버리고 갔다. 유대교인 제사장이 지나가다가 길가에 쓰러져 있는 그를 발견했다. 그는 죽어가는 남자를 내버려두고 멀찍이 피해서 갔다. 제사장은 피가 묻으면 제사를 드릴 수가 없었기 때문이다. 얼마 후 레위 지파의 한 남자가 지나갔다. 그도 죽어가는 남자를 도와주지 않고 그냥 지나갔다. 레위 지파 사람들은 성전에서 예배드리는 일을 하는데 역시 피가 묻으면 안 되었다. 짐승의 피건 사람의 피건, 피가 묻으면 불결하다고 해서 성전 일을 할 수 없었다.

거룩한 일을 하는 두 사람이 지나가고 얼마 후, 한 사마리아 사람이 지나갔다. 사마리아 사람은 유대인들이 천대하여 개만도 못한 사람들로 여겼다. 그 사마리아 사람은 강도를 만나서 거의 죽게 된 남자를 보았다. 그는 즉시 발길을 멈추고 남자에게 다가가 응급 처치를 한 다음 나귀에 싣고 여관에 데려가서 돌보아주었다. 다음 날 그는 넉넉한 돈을 꺼내서 여관 주인에게 주고 남자를 잘 돌보아 달라고 부탁했다. 비용이 더 들면 돌아오는 길에 갚아주겠다고 했다.

제사장과 레위 사람은 종교적 관습을 지키기 위해 강도를 만나 맞아 죽어가는 사람을 방치했다. 그러나 천대받는 사마리아 사람은 길가에 빈사 상태로 누워 있는 사람을 도와주었다. 이 선한 사마리아 사람이 이렇게 강도를 만난 사람을 도와준 이유는 돈이 많은 부자였기 때문이 아니다. 위대한 의사였기 때문에 그렇게 도와준 것도 아니다. 다만 자비한 마음의 사람이었기 때문이다. 그의 속에 있는 자비심 때문에 자기의 도움을 필요로 하고 있는 사람을 보고 그냥 지나칠 수가 없었다.

그와 반대로 강도를 만나서 부상을 당해 길가에 버려져 있는 사람을 보고도 못 본 체하고 지나간 사람들은 더러운 이름을 천추에 남겼다. 왜? 그들은 강도를 당한 사람이 강도를 당하도록 협력해 준 것도 아니요, 부상을 입은 사람을 더 때려서 부상을 더 크게 만든 것도 아닌데 말이다. 단순히 부상을 당해서 앓고 있는 사람을 보고도 못 본 체하고 지나갔기 때문이다. 그들은 사회적으로 칭찬과 존경을 받는 유대교의 지도자들이었다.[11]

하와이 군도 가운데 몰로카이라는 섬은 나병환자들만 모여 사는 수용소였다. 어느 날 멀리 벨기에에서 다미엥이란 신부가 전도하고 환자들을 돌보기 위해 섬에 찾아왔다. 그러나 환자들의 반응은 냉소적이었다.

"당신은 몸이 건강하니까 우리보고 예수 믿고 행복하게 살라고 하지만, 당신이 우리와 같은 문둥병 환자였다면 그런 말은 입 밖에도 꺼내지 못할걸요."

환자들은 다미엥 신부의 말을 들으려고도 하지 않았다. 다미엥 신부는 하나님께 기도했다.

"하나님, 제가 나병에 걸리게 해 주세요."

어느 날 신부와 심부름하던 소년이 부엌에서 요리를 하고 있었다. 그런데 소년이 실수로 뜨거운 물을 쏟았다. 뜨거운 물 일부가 신부의 손에 떨어졌다. 소년은 깜짝 놀랐다. 뜨거운 물을 신부의 손에 떨어뜨린 것 때문이 아니라, 뜨거운 물이 손에 떨어진 것을 신부가 모르고 있었기 때문이다. 신부가 나병에 걸린 것이다. 소년의 놀란 표정에서 신부는 자신이 나병에 걸렸음을 알았다. 신부는 소년에게 종을 쳐서 사람들을 모두 모이게 하라고 시켰다. 모인 사람들에게 신부가 한 첫 마디는 이러했다.

"여러분, 지금까지는 '여러분, 나병 환자들이여' 하고 말했는데, 이제 드디어 '우리 나병 환자들이여' 하고 말할 수 있게 되었습니다."

다미엥 신부는 평생 동안 그들과 함께 나병환자로 살면서 그들을 섬겼다.

성자는 태어나는 것이 아니다.
신앙의 길을 감으로 되는 것이다.

아우슈비츠 죽음의 형무소 광장에 수감자들이 줄을 맞춰 서 있었다. 수용소 소장이 지하에 있는 아사 감방으로 보낼 사람들 10명을 고르는 중이었다. 전날 수감자 한 명이 탈출한 것이다. 한 수감자가 탈출했을 경우 그 사람이 속한 감방에서 10명을 골라 지하 감방에 보내 굶어 죽게 하는 것이 수용소 규칙이었다. 소장은 수감자들을 광장에 세워놓고 마음대로 "너", "너" 하며 10명

을 골라냈다. 그렇게 선정된 사람들 가운데에는 슬피 우는 사람
도 있고 담담하게 동료들에게 작별을 고하는 사람도 있었다. 그
때 10명 중 하나인 프란치스코 가요브니체크라는 사람이 몸부림
치며 자신의 가족이 보고 싶다고 울부짖었다.

"나는 죽을 수가 없다. 내 아내와 자식들은 어쩌란 말인가!"

이때 믿을 수 없는 사건이 벌어졌다.

뒷줄에 서 있던 사람이 "내가 저 사람 대신 죽겠소" 하며 나선
것이었다.

바로 콜베 신부였다. 콜베 신부는 이렇게 해서 아사 감방에 가
게 되었다. 콜베 신부는 감방에서도 다른 9명을 격려하고 위로하
며 사악한 감방을 사랑의 감방으로 만들었다. 이윽고 수감자들
이 차례차례 죽어가고 콜베 신부를 포함해 4명만 남게 되자,
1941년 8월 14일 소장은 독약 주사로 그들을 죽였다. 간수들의
증언에 따르면 모두 콜베 신부와 함께 평안한 모습으로 죽어갔
다고 한다.

한 인간이 신앙으로 도달한 최고의 거룩한 삶이다. 용서하는
마음을 넘어 자비의 극치에 인간이 도달할 수 있다는 것을 보여
준 삶이다.

촛불집회가 박근혜의 사악한 권력을 무너뜨렸다. 이명박의 사
악한 행위를 온 세상에 드러내고 있다. 대한민국에 정의가 강물
처럼 흐르기를 갈망하는 마음을 품고 촛불집회에 참가했던 사람

들이, 일상 속에서 이런 자비심을 품고 싶다고 갈망해야만 이 나라의 미래가 밝아진다. 더 따뜻한 세상을 열어가게 된다. 정의를 갈망하는 마음에만 머물러서는 안 된다. 일상 속에서 그런 자비심을 품고 싶은 갈망으로 성숙해가야 한다. 얼마나 높은 경지의 자비심을 품은 인격에 도달할지는 아무도 모른다. 사람마다 주어진 천명이 각기 다르다. 가는 길이 다르다. 따라서 사람마다 인생의 길에서 만나는 '강도 만난 사람'도 다르다. '나병환자'일 수도 있고 '프란치스코 가요브니체크'일 수도 있다.

또는 자기 자신이 강도 만난 사람이 될 수도 있다. 그런 일이 없으리란 법이 없다. 그때 내가 선한 사마리아 사람을 만나야 한다면 나도 언제나 선한 사마리아 사람이어야 하지 않을까?

다음은 샛별중학교 교사가 거고교회의 예배시간에 드린 대표 기도문이다.

한밤중 학생에게서 전화가 왔습니다. 아스퍼거 장애를 갖고 있는 이 학생의 전화는 늘 고통스러운 목소리로 가득 차 있습니다. 아주 작은 소리에도 예민하여 울음을 터뜨리거나 옆에 있는 친구들에게 연필로 위협을 가하기도 합니다. 비가 억수같이 쏟아지던 어느 날엔 학급친구들이 재잘거리는 소리를 듣고 자신을 욕한다고 착각해 의자를 던진 아이입니다. 그래서 감정 조절에 도움이 되는 ADHD 처방약을 복용하고 있습니다. 그런데……
전화기 너머로 할머니의 고함이 들립니다. 아이에게 온갖 욕을 퍼붓는 할머니의 목소리에 저도 가슴이 콱 막혀 옵니다. 나도 이렇게 고통스러운데……. 무방비 상태로 저렇게 큰 목소리에 방치되어 있는 아이가 너무 걱정이 됩니다. 할머니의 잔소리를 견디다 못해 할머니에게 욕을 하는 손자…….

"살기 싫어요……. 죽고 싶어요……. 선생님, 화가 나요……. 또 화가 났어요……. 또 소리를 지르고 말았어요……."

아이가 보이는 다양한 문제들을 해결하기 위해 저는 온갖 방법을 써 보았습니다. 학부모를 학교로 불러도 보고 할머니를 설득해보기도 하고 아이를 우리 집으로 데려와 잠시 가족과 분리해놓기도 했지요. 저는 제가 아는 방법을 최대한 동원해 문제를 해결해보려고 노력했습니다.

또 이번엔 다른 학생의 어머니가 전화를 주셨습니다. 아이에 대한 걱정으로 하루 종일 불안하게 살고 계신 분이지요. 언어장애를 겪고 있는 이 아이는 어렸을 때부터 뼈와 근육이 너무 약해 살짝만 부딪혀도 뼈가 부러지거나 크게 다치곤 했습니다. 언어장애까지 있어 말이 어눌하니 초등학생 때부터 친구들에게 자주 놀림을 받고 왕따를 당해 어머니는 아이가 지내는 모습을 늘 궁금해하셨습니다. 어머니를 안심시켜 드리기 위해 학교에서 지내는 모습을 사진이나 동영상으로 찍어 매일 밴드에 올리고, 싸움에 휘말리는 아이들을 혼내도 보고, 달래 보기도 하고, 이해시켜 보기도 했지요.

그리고 한 해가 지나 아이들은 2학년이 되었습니다. 더 나아지려나……. 그래, 그래도 내가 힘을 다해 노력했으니 달라졌을 거야, 하고 기대했습니다.

　그렇지만 이들의 고통스러운 삶은 여전히 계속되고 있습니다. 늘 주말이 되면 걸려오는 아이의 전화, 왕따를 당해 풀이 죽어 있는 아이……. 왜 살아야 하는지 알 수 없다고 대답하는 이 아이들……. 주님, 저는 오늘 하루도 여전히 같은 질문을 던지며 시작했습니다. 이 아이들의 고통스러운 삶은 언제까지 지속될까요?

　만나는 아이들의 문제가 풀리지 않을 때 어깨가 내려가고 힘이 빠지고, 실망하게 됩니다. 더 나아지겠지, 하고 바라던 소망이 사라지고 다시 처음으로 돌아간 듯 허무함을 느끼게 됩니다. 더 나아지겠지, 싶다가도 제 안에서 오히려 아이들의 부모들을 미워하는 마음까지 나옵니다. 제 뜻대로 되지 않으니 정말 속상합니다. 이것이 교사인 저의 또 하나의 일상이 됩니다.

　"살기 싫어요……. 죽고 싶어요……. 선생님, 화가 나요……. 또 화가 났어요……. 또 소리를 지르고 말았어요……."

　또다시 전화 너머 아이가 울부짖습니다.

　"아……, 그래. 화가 나겠다. 샘이 들어도 엄청 화나겠구나. 당연히 화가 나지. 진짜 너무하시다. 화내도 돼. 소리 질러도 돼. 화가 나고 소리 지르는 건 자연스러운 거야. 괜찮아. 괜찮아……."

　전 이제 괜찮다고 말해줍니다. 괜찮다는 소리에 아이가 조용해집니다.

　"할머니와 통화할 수 있을까?"

　이번엔 황희 정승이 되어 봅니다.

"네⋯⋯. 그렇지요⋯⋯. 맞아요⋯⋯. 다 맞는 말씀입니다. 제가 잘 가르쳐서 집으로 보내겠습니다. 학교 선생님 말씀은, 저희 집 아이도 그렇고, 엄마 말보다 더 잘 듣더라고요. 학교 오면 제가 따끔하게 혼내서 보내겠습니다."

고통이 너무 커 들을 수 없는 그들에게 제가 할 수 있는 일은 이제 들어주는 일밖에 없습니다. 그리고 마지막에 한번 아이를 믿어 달라고 부탁하는 게 전부입니다.

주님, 당신 앞에 무릎 꿇었던 욥의 고백을 기억합니다. 저희 교사들이 당신 앞에서 마음을 내려놓을 수 있는 은총을 내려주시옵소서. 내가 그들보다 더 잘할 수 있다는 착각을 내려놓게 하시옵소서. 어쩌면 당신의 뜻이 다른 데 있을지도 모르겠습니다. 그들을 우리 식으로 변화시켜 보라고 우리에게 보내주신 것이 아니라 그저 그들을 만나보게 하시려고 우리를 이 상황에 있게 하신 것은 아닌지, 하고 생각하게 됩니다.

주님, 이제는 예수님께서 우리 삶에 오셨음을 보길 원합니다. 우리의 고통을 보고 아파하셨던 당신을 보게 하여 주시옵소서. 변화는 오직 당신만이 하실 수 있는 일, 우리는 당신이 우리에게 주신 만남들을 삶의 축복으로 여기고 그들을 만나는 삶을 살아낼 뿐입니다. 그 삶을 기꺼이 살아낼 수 있도록 기도하게 하여 주시옵소서.

애굽과 바로로 상징되는 억압의 질서를 전복시키시는 하나님, 사회 계층의 맨 밑바닥에서 숨죽이며 살고 있는 이들에게 살맛을 되찾아주시는 하나님, 바로 그분이 예수님의 하나님임[12]을 믿는 믿음이, 교사로서 사명을 받아 이곳에 부름받은 저희 안에서 성장하길 기도합니다.

(이 기도는 2018년 5월 6일 거창고등학교 교회 예배에서 샛별중학교 영어 선생님이 교인들과 함께 드린 기도문이다.)

위는 교사라는 길을 걷다가 '강도 만난 학생'과 마주한 한 교사의 기도문이다.

천주교가 성인으로 추대한 사람들 말고, 평범한 사람도 성자가 될 수 있다는, 아니, 성자가 되어야 한다는 증거를 보여준 분들의 이야기를 들어보자.

내가 가까이 지낸 사람들 가운데 성격에 모가 난 분이 셋 있다. 아버지와 누님과 안용선 집사님. 나의 아버지는 신학교를 세 군데나 다녔다. 일본 고베에 있는 중앙신학교, 미국 미시간주 홀랜드의 웨스턴 신학교, 세인트루이스의 콘코디아 신학교. 그런데도 목사가 되지 않았다. 언젠가 내가 여쭈어 보았다.

"아버지, 왜 목사가 되지 않으셨어요?"

"너도 알다시피 내가 성격이 좀 급하냐? 목사가 되면 내가 실수할 때마다 사람들이 '목사가 저런다'고 흉볼 것 아니냐? 그러면 예수님이 욕을 먹을 것 아니냐? 그래서 안 됐다."

우리 누님과 안용선은 우리 아버지보다 더 모가 난 분들이었다. 그런데 그런 누님이 유학을 마치고 미국에서 귀국했을 때다. 교장실을 찾아온 누님은 선생님들과 부딪치는 일이 틀림없이 많이 있을 터이니 자기에게 다른 건물에 있는 방을 달라고 했다. 당시 본관 건너편에 직업보도관이라고 부르는, 현재는 남학생 기숙사로 쓰는 건물에 쓰지 않는 방이 몇 있었다. 거기에 있으면서 본관엔 수업시간에만 오겠다는 것이었다. 나는 그러지 말고 내 옆방에 와 있으라고 했다. 당시 내 비서이자 식당과 기숙사의 살림을 맡아 하는 오애연 씨가 쓰는 방이었다. 그래서 누님은 비서실에 책상을 하나 갖다 놓고 거기에서 업무를 보았다. 그렇게 십년이 지난 후 새 학년이 시작되기 전 날 나는 누님에게 말했다.

"누나, 이제 교무실로 가도 돼. 책상 그리로 옮겼어."

누님과 나는 조용히 울었다. 그동안 속 모르는 선생들은 교장이 자기 누나를 특별 대우해서 비서실에 자리를 마련해준 것으로 오해하고 있었다.

지금 아버지와 누나 모두 제자와 동료 들에게 사랑이 넘쳤던 스승과 선배 교사로 아름답게 기억되고 있다.

그런데 우리 아버지와 누님 둘을 합친 것보다 더 모가 난 사람이 안용선 집사였다. 아무도 그가 언제, 어떻게 화를 낼지 모를 정도로 예측 불허였다.

1930년대에 장티푸스가 경상도와 전라도 남쪽 지방을 쓸고 지나가 수많은 사람이 목숨을 잃었다. 그때 담양에 살고 있던 안용선은 부모를 잃었다. 11살 소년 안용선은 어린 동생 둘을 데리고 고향을 떠났다. 여동생을 업은 그는 6살짜리 남동생의 손을 잡고 걸었다. 순창과 남원 장계를 거쳐 무주를 지나 거창군 고제면에서 겨울을 난 뒤 이듬해 봄에 거창읍에 도착했다. 다리 밑에 자리를 잡고 일단 거적때기로 비바람을 피한 다음, 밥을 빌어다 동생들을 먹였다.

시장 한복판에 태백상회라는 포목점이 있었다. 어느 날 못 보던 거지 아이 하나가 밥을 얻으러 왔는데, 눈빛이며 태도가 보통내기가 아니었다. 그래서 태백상회의 하성환 사장은 안용선과 두 동생을 집에 데려다가 문간방을 내주어 살게 했다. 이렇게 해서 안용선은 태백상회의 점원이 되었다. 안용선은 하성환 사장이 보았던 대로 부지런할 뿐 아니라 정직했다. 머리도 영리해서 장사하는 방법도 금방 배웠다. 안용선 덕분인지 십 년이 지나자 태백상회는 인근의 함양군과 합천의 묘산·대병, 무주의 무풍 지역까지 아우르는 거상이 되었다. 당시 관습대로 십 년이 지나자 하 사장은 안용선에게 딴살림을 차려 주었다. 그릇이 큰 하 사장은 바로 태백상회 건너편에 자그마한 상점을 하나 얻어주고 서상과 함양, 무풍 지역의 상권을 떼어주었다.

십 년쯤 후, 결혼을 한 안용선은 딸 둘을 낳아 사랑채가 딸린 기와집에서, 20년 전 고향을 떠났을 때의 슬픔을 잊고 행복하게 살고 있었다. 한편 열심히 신앙생활을 해서 거창교회에서 집사가 되었다.

그런데 이게 웬 날벼락인가. 6.25 때 바로 집 근처에서 총격전이 벌어졌다. 그 총격전에 부인이 놀라서 정신이 나가버렸다. 그냥 과거를 기억 못 하는 정도가 아니었다. 컴퓨터로 말하면 모든 자료가 다 지워지고 새로이 입력이 되지 않는 상태가 된 것이다. 동물처럼 먹고 배설하는 일만 기억했다. 먹을 수 있는 것과 먹을 수 없는 것도 구별하지 못했다. 어제 거름을 먹어보았더니 못 먹는 것이었다는 사실을 오늘은 기억하지 못하는 것이었다.

안 집사는 부인을 고치겠다고 온갖 좋다는 약은 다 써보았다. 어디에 용한 의사가 있다고 하면 안 찾아가본 의사가 없었다. 아무 효과 없이 돈만 이래저래 나갔다.

안 집사가 제일 걱정하는 것은 아내가 집을 나가 길을 잃어버리는 것이었다. 그래서 쇠대문을 달고 반드시 잠그고 다녔다. 그러나 전영창 교장이 하숙을 하고 있었고 거창고 교사들이 식사를 하는 집이어서 드나드는 사람들이 많아 문단속이 어려웠다. 그래서 안 집사는 자전거를 타고 하루에도 네댓 번씩 집에 들러 확인해야 했다. 그러다 보니 무풍과 서상 내의 장에 못 다니게 되어 가세는 점점 기울어만 갔다.

저녁이 되어 날이 어두워지면 안 집사가 "큼, 큼" 하고 헛기침을 하며 우물과 부엌 사이를 오간다. 그러면 집 안에 있는 사람은 밖으로 나오면 안 된다. 안 집사가 부인을 목욕시키는 시간이다. 매일같이 부인은 거름을 주무르기도 하고 오물을 만지기도 하고 흙장난을 해서 옷을 버렸다. 머리카락에는 검불도 묻고 흙도 묻어서 매일 목욕을 시켜야만 했다. 그는 물을 끓여 우물가에서 찬물을 섞어가며 목욕을 시켰다. 매일 저녁 하는 목욕인데도 입력이 안 되어 있으니 부인은 늘 완강히 버텼다. 매일 저녁 방에서 안 나오려는 부인을 빗자루로 등짝을 때려가면서 끌고 나와야 했다. 그때마다 "이 웬수 같은 년, 썩어 죽을 년, 죽지도 않고!"라고 외치는 안 집사의 욕설과 빗자루에 맞을 때마다 "아야야, 아야야!" 하고 아프다고 소리 지르는 부인의 비명이 방 안에 있는 사람들의 가슴을 후볐다. 그런데 일단 목욕이 시작되면 조용해졌다. 목욕은 좋아했다. 다만 저녁이 되면 목욕을 해야 한다는 사실을 기억 못 하고 있을 뿐이었다.

안 집사는 아내를 깨끗하게 씻기고 머리를 참빗으로 빗기며 꼼꼼하게 감긴다. 목욕을 마친 뒤에는 방에 데리고 들어가 흰 옥양목 옷으로 갈아입힌다. 머리를 곱게 빗겨 비녀를 찔러주면 '아내 목욕시키기'가 끝난다. 그렇게 하기를 30여 년. 안 집사가 죽을 때까지 '아내 목욕시키기'는 하루도 거른 적이 없었다. 1950년대에 매일 목욕을 하고 옷을 갈아입은 여인이 있을까? 영부인이나 그랬을까? 나는 중2 여름 방학 때 사랑채 끝 방에서 살며 안 집사의 부인 목욕시키기를 지켜보았다.

나는 고3 때도 안 집사의 사랑채 끝 방에서 지냈다. 그때 중학생 때는 몰랐던 사실을 알게 되었다.

나는 종종 새벽에 "아이고, 이 웬수 같은 년, 잠도 안자고……"라고 하는 안 집사의 고함을 듣곤 했다. 안 집사는 낮에 장사를 하고 들어와 피곤할 수밖에 없다. 그래서 혹시라도 깊이 잠든 사이에 부인이 나갈까 봐 문고리에다 끈을 건 뒤 자신의 엄지발가락에 묶어 놓고 잤다. 잠든 사이에 부인이 나가면 알 수 있도록. 그런데 하루 종일 놀고 싶으면 놀고, 자고 싶으면 자는 부인은 새벽에 일찍 잠이 깨면 으레 밖으로 나갔다. 그럴 때 발가락에 묶어 둔 끈이 당겨져 잠이 깬 그가 지르는 고함이었다. 고3 때 새벽에 일어나 공부하다가 그의 "아이고, 이 웬수야!" 하는 고함을 들으면 왜 그렇게도 가슴이 아프던지!

나는 대학을 졸업하고 학교 농장에서 일을 하면서 학교 수업을 했다. 학교 농장에서는 젖소를 키웠다. 저녁에 젖을 짜서 학교에 갖다놓으면 안 집사가 밤에 끓여 병에 담은 뒤 새벽에 가정과 다방으로 배달을 했다.

나는 결혼 초 아내와 다툰 어느 날 새벽에 술에 잔뜩 취해 안 집사를 찾아갔다.

"아이고, 학생들이 보면 우짤라꼬……."

안집사는 나를 부지깽이로 때리는 한편 뜨거운 우유를 컵에 따라 주었다.

"나 집사님한테 물어볼 것이 있어서 왔어."

"나 같은 것한테 물어보긴 뭘 물어봐? 이거나 마시고 정신 차려. 그리고 어여 집에 가."

"창은이 엄마하고 어떻게 20년이나 살았어?"

안창은은 그의 둘째 딸이다.

안 집사는 대답 대신 홱 돌아서 아궁이 앞에 쭈그리고 앉았다. 부지깽이로 잘 타고 있는 장작을 이리저리 뒤적거렸다.

"창은이 엄마하고 어떻게 20년이나 살았냐니까?"

애매한 장작만 쑤셔대던 안 집사가 뭐라고 중얼중얼했다.

"머라꼬?"

"글쎄, 그때 내가 모르고 '예' 칸기라."

그 말에 나는 술이 확 깼다. 비틀거리던 몸이 곧게 펴졌다. 아궁이 불만 쑤석거리고 있는 안 집사의 등을 향해 정중히 절했다.

"집사님, 고마워."

당시에 기독교인들은 교회에서 결혼식을 올렸다. 결혼식 때 주례 목사가 이렇게 물었을 것이다.

"신랑 안용선 군은 신부 박순달 양을 하나님이 짝지어준 아내로 맞이하여,

기쁠 때나 슬플 때나

부유할 때나 가난할 때나

건강할 때나 병들어 약할 때나

죽음이 두 사람을 갈라놓을 때까지 사랑과 존경으로 함께 살아갈 것을 하나님과 부모님과 일가친척 친지들 앞에서 서약하느뇨?"

나도 같은 서약을 하고 결혼했기 때문에, 안 집사가 그때 모르고 "예" 하고 대답했다는 말의 '모르고'가 '불치병에 걸릴 줄 모르고'인 것을 알았다.

안 집사는 1977년 연탄가스 중독으로 세상을 뜰 때까지 그 약속을 지켜 '아내 목욕시킨 뒤 옷 갈아입히고 머리 빗겨 비녀 꽂아주기'를 하루도 거르지 않았다.

적십자 병원에서 세상을 떠난 안 집사의 시신을 안고 쇠대문을 들어서자 마루 위에서 왔다 갔다 하던 부인이 싱글벙글 웃는 것이 아닌가? 밤마다 곁을 지켜주던 남편이 없어져 불안했는데 남편이 돌아온 것이다. 내가 안고 있는 안용선이 죽은 시신인 것도 모르고 좋아서 소리까지 내며 웃는 박씨를 보는 순간, 안 집사의 시신을 확 집어던지고 싶었다. 저런 아내를 위해 일생을 바쳤더란 말인가?

하지만 부인은 사흘 동안 먹지도 자지도 않고 방 한쪽 귀퉁이에 쪼그리고 앉아 관 속의 남편을 지켜보았다. 그리고 일 년 뒤 남편을 따라갔다.[13]

하늘나라에서는 안용선이 전영창보다 더 위대하지 않을까? 세 사람 모두 성자는 되어 가는 것이지 타고나는 것이 아님을 보여주었다. 내게는 그중에서도 안용선이 으뜸이다. 왜? 그가 결점이 제일 많았기 때문이다. 그런데 그는 결혼이라는 길에서 만난 '강도 만난 아내'를 위해 일생을 바쳤다.

원수까지 사랑할 수 있어야 완전한 사람이라 할 수 있을 테다. 그러지 못하더라도 최소한 자기가 가고 있는 길에서 만난 '강도 만난 사람'에게 헌신하는 것이 원수 사랑의 시작이 아닐까?

동기가 순수한 사람

오직 사랑이 동기가 되어 일하는 사람.

문명의 집단적 사고에서 벗어난 깨끗한 마음의 사람.

이기심을 초월한 마음을 가진 사람,

미움하는 마음이 없는 사람.

자기와 다른 사람을 다르다는 이유로 차별하지 않는 마음의 사람.

먼저 이기심이 없는 마음을 생각해보자.

이기심이 전혀 없는 초월한 마음을 다르게 표현하면, 무슨 일을 하든 그 일을 하는 동기가 순수한 마음이라는 것이다. 어떤 일을 하든 조금도 자기의 이익을 염두에 두지 않고 오로지 남을 위해, 사회를 위해, 국가를 위해, 인류를 위하는 마음에서 그 일을 한다는 말이다.

거의 불가능한 일이라고 말할 수 있다. 그러나 불가능한 일은 아니다. 만약 불가능한 일이라면 부처님이나 예수님이 그렇게 살라고 가르쳤을 리가 없다. 또 하나 불가능한 일이 아닌 까닭은 우리 주변에서 그러한 사람을 볼 수 있기 때문이다. 거창고등학회의 영원한 스승들로 손꼽히는 전영창, 홍종만, 원경선, 장기려, 이 네 분이 그러한 분들로서 우리에게 사표師表가 되어주셨다. 또 이사님들 가운데 이귀선, 김찬국, 박종규, 김기석 등이 그런 분들이셨다. 이 책을 읽는 분들도 자기 주위에서 그런 분을 한두 분은 보실 수 있으리라 믿는다. 완전히 이기심을 초월하여 무슨 일을 하든지 순수한 동기로 하는 마음을 가진다는 것은 힘든 일이지만, 불가능해 보이기만 할 뿐 불가능한 일이 아니다.

행복한 삶은 정의와 사랑으로 평화를 만들어내는 삶이다. 개인적이든 사회적이든 남을 불행하게 만드는 삶은 불행한 삶이다. 나의 삶이 조금이나마 나와 함께 사는 사람과 사회와 인류의 행복에 이바지하는 삶이어야 행복한 삶임은 부정할 수 없는 진리이다.

무슨 일에서나 동기가 순수하지 못하기 때문에 시기, 미움, 질투가 생겨나고, 나아가 다투고 갈라지고 마침내 싸움이 일어난다. 인류의 최대 비극인 전쟁이 끊임없이 일어나는 까닭이 거기에 있다.

인간인 우리가 이기심을 벗어난 이상적인 생활을 할 수 있다면 얼마나 행복한 삶을 살 수 있을까?

거꾸로 그와 반대의 삶을 산다면 얼마나 불행한 삶을 살게 될까?

세상의 모든 악, 곧 모든 크고 작은 싸움과 기아, 불평등, 착취, 억압, 인종 학살 등은 모두 자기중심적인 이기심이라는 마음에서 나온다. 부처님은 사람이 벗어나야 할 첫 굴레가 탐심이라 했고, 예수님도 마음이 깨끗해야만 하나님을 볼 수 있다고 했다. 바울 같은 성자는 욕심이 잉태하여 죄를 낳고, 죄가 자라서 죽음을 낳는다고 했다.

전영창은 말한다.

> 세속의 죄악의 먼지로 더러워지는 마음을 부단히 깨끗하게 하여야 한다.
> 이 더러워진 마음을 부단히 깨끗하게 하려고 결사적 노력을 하는 마음이 깨끗한 마음이다.[14]

깨끗한 마음을 가지고 사는 사람은 자기 주변 사람들을 행복하게 해주는 삶을 살 수 있다. 남을 행복하게 해줄 수 있는 삶이 행복한 삶이다.

탐욕은 모든 악의 뿌리다. 그 탐심의 굴레에서 벗어나 사는 것이 행복한 삶이다. 우리는 이명박과 박근혜의 탐심이 본인들도 불행하게 만들고 주위 사람들도 불행하게 만들고 나라도 불행하게 만든 것을 보고 있지 않은가?

　행복한 삶은 나도 살고 너도 사는 삶이다. 너는 죽고 나만 사
는 삶은 불행한 삶이다.

　부처는 모든 사람 속에 이미 부처가 있다, 다만 마음이라는 거
울에 때가 묻어 더러워져서 부처를 보지 못하는 것이고, 부처를
보지 못하니 부처님의 가르침을 알 수가 없고, 알지 못하니 살 수
가 없다, 그러니 마음을 끊임없이 닦아 맑게 하라, 고 가르쳤다.

　공자도 수신제가치국평천하修身齊家治國平天下라 했다. 먼저 자
기 자신부터 깨끗하게 한 뒤에야 가정을, 나라를, 천하를 깨끗하
게 할 수 있다는 말이다. 이때 수신修身의 수는 닦는다고 읽는다.
닦아서 맑고 깨끗하게 만든다는 뜻으로 읽는다. '다스린다', '꾸
민다'는 뜻도 있지만 닦는다는 뜻으로 읽는 것이 더 좋다. 몸과
마음에 묻은 때를 닦아낸다는 뜻이다. 몸과 마음에 감추어져 남
은 보지 못하는, 더러운 욕망의 발톱을 잘라내어야 한다. 발톱은
잘라내도 또 자란다. 그러면 또 잘라내야 한다. 잘라내고 또 잘라
내어야 한다.[15]

　예수는 자기를 부인해야 한다고 했다. 자기를 부인한다는 말
은 자기의 뜻은 버리고 아버지 하나님의 뜻만을 좇아 살아야 한
다는 뜻이다. 또 자기의 생명을 버리면 불멸의 생명을 얻는다고
했다. 끊임없이 쉬지 않고 자기 뜻/생명을 버려야 하나님의 뜻을
이 세상에서 이룰 수 있다고 했다.

마음이 깨끗하면 하늘이 보인다. 하늘의 뜻이 보인다. 하늘을 본다는 말은 자기가 속해 있는 공동체―집단, 지역, 종교, 국가, 나아가 인류―를 지배하는 문명의 악마성을 본다는 말이다. 자기가 몸담고 살아가고 있는 공동체의 정치·경제·사회·문화·종교 교육의 실체가 보인다. 곧 자기 시대 문명의 실체가 보인다. 그 악마성이 보인다. 그 문명의 악마성이 보일 때 자기가 가야 할 길이 보인다. 하늘을 본 눈에는 자기가 심어진 자리에서 자기가 가야 하는 길이 보인다. 왜 월급이 적은 길을 택해야 하는지가 보인다. 그 길을 볼 때 자기가 어떤 마음과 자세와 각오로 살아야 할지가 보인다. 하늘을 본 사람은 항상 하늘의 뜻을 행하는 길을 간다. 눈이 내리고 바람이 불어도.

깨끗한 마음으로 하늘을 본 사람이 최고로 행복한 사람이 아닐까?
그 삶이 아무리 힘들고 고달파도.

도대체 제주 4.3 사건 때 학살된 양민들과 거창 신원에서 학살된 양민들과 광주에서 죽어간 양민들은 무슨 죄가 있어서 그렇게 제 나라 군인들에 의해 죽어야 했나? 이 설명할 길 없는 학살은 모두 전쟁을 영웅들의 행위로 믿는, 힘 가진 사람들과 그 집단들의 악마성에 의해 자행된 천인공노할 범죄행위이다.
거창 신원에서 양민을 학살한 김종원이 아무런 벌도 받지 않고 살다 간, 이승만 정권이 지배하던 시절의 대한민국이 나라란 말인가?

광주에 제 말 잘 듣는 군대를 보내 수천 명을 부상 입히고 죽이고 대통령이 된 전두환 정권이 통치하던 대한민국이 국가란 말인가?

그런 정권이 지배하던 국가는 국가가 아니다. 우리가 지키고 가꾸며 사랑해야 할 국가가 아니다. 우리가 사랑하고 희생하고 지키고 발전시켜 나가야 할 국가는 국민의, 국민을 위한, 국민에 의한 국가이어야 한다.

거창고등학교의 자녀교육론의 핵심은 바로 이 국가 문제에서 출발한다고 할 수 있다. 동서양의 힘을 가진 국가가 힘이 약한 국가들을 정복하여 1%의 부귀영화를 위해 99%를 희생시킨 이야기까지는 몰라도, 지금 자기가 살고 있는 나라 대한민국이 어떠한 국가인지는 알아야 자식들에게 물려줄 대한민국을 그려볼 수 있는 것 아닌가? 그래야 지금 우리 부모들이 자식들과 자식들의 자식들에게 물려줄 나라를 만들기 위해, 지금 여기에서 어떻게 살아야 할지를 결정할 것 아닌가? 그것도 모르는데, 즉 지금 살고 있는 대한민국이 어떤 나라인지도 모르는데 자식들을 어떻게 키워야 할지를 어떻게 알겠는가?

이기심에서 해탈한 깨끗한 마음을 갖고 있어야 자기가 속해 있는 집단과 공동체를 지배하는 집단 이성과 집단 감성의 악마성을 볼 수 있다.

집단 이성과 감성의 악마성에서 자유로워지려면 먼저, 자기가 살고 있는 시간과 공간 속에서 벌어지고 있는 사건들의 진상을 알고 싶어 하는 마음을 가져야 한다. 진실을 알고 싶어 하는 마음을 일궈야 한다. 진리를 찾으려는 갈망이 있어야 한다. 진리의 문은 두드릴 때 열린다. 진리는 목숨 걸고 찾는 사람에게 그 문을 열어 실체를 엿보게 해준다. 자기가 살고 있는 사회에서 일어나는 일의 진상을 알고 싶은 마음도 없는 사람이 진리를 안다? 그것은 진리로 포장된 이데올로기일 뿐이다. 20세기의 위대한 신학자인 바르트는 세상의 진상을 아는 것의 중요성을 강조하여 기독교인은 성서와 신문을 함께 보아야 한다고 말했다. 전영창은 진상을 알려 하지 않는 기독교인들을 향해 "나라와 민족과 교회가 어떻게 되든 상관없는 사람이 가는 천당은 없다"고 질타하곤 했다. 나는 많은 기독교인이, 그것도 정통신앙을 가졌다고 자부하는 기독교인들이, 4.19의 진상도, 5.16의 진상도, 박종철 군 사망 사건의 진상도, 세월호 참사의 진상도 알려고 하지 않은 채, 알려고 하지 않으니 알지도 못한 채, 예수를 믿으니 죽은 후에 틀림없이 천당에 간다고 철석같이 믿고 있는 대한민국 기독교의 현실에 할 말을 잃고 있다. 예수는 진리의 문은 찾고 두드리는 사람에게 찾아지고 열린다고 가르쳤다. 그렇게 진리의 문에 들어선 사람이라야 하나님의 뜻을 보는 복이 주어진다고 했다.

자기가 속한 집단 공동체, 곧 자기편의 주장을 끊임없이 반추

해 보아야 한다. 특히 종교인들은 자기가 속한 교단의 주장을 한 번쯤 의심해보는 습관을 길러야 한다. 정치·경제·문화·예술·학문 분야도 마찬가지다. 자기편의 주장을 의심해보는 습관이 없으면 자기편의 집단 이성과 감성에 빠질 수밖에 없다. 절대로 정의로운 집단은 없다. 자기편은 절대 정의라고 믿는 믿음은 착각이요, 환영이다. 늘 자기편의 주장을 되새김질할 때 자기편의 오류를 발견할 수 있을 뿐 아니라 상대편의 오류도 분명하게 볼 수 있다.

나는 부모들에게 자녀교육에 대한 강의를 많이 해왔고 앞으로도 할 것이다. 그중 기억나는 강의가 있다. 메디치 미디어 출판사의 후원으로 '사교육 걱정 없는 세상'이 주관하여 일주일에 한 번씩, 다섯 주 동안 강의를 한 일이 있다.

둘째 날 강의를 이렇게 시작했다. 모인 어머니들에게(아버지는 한 사람뿐이었다) 이렇게 물었다.

"여러분, 앞에서부터 한 분씩 차례대로 국가란 무엇이라고 생각하는지 말해보세요."

대부분이 생각해보지 않았다고 전제한 다음 자신들의 국가관을 말했다. 표현은 좀 서툴고 달랐지만 국가는 국민의 '생명과 재산을 보호해야 한다'고 답했다. 즉 국가가 해야 할 일, 의무를 말했다. 또 어떤 어머니는 '국민·영토·주권'이란 세 가지 요소를 말했다. 고등학생 때 공부를 잘했던 것 같았다. 모두 틀린 대답은 아니었다.

전원 자기 생각을 말한 후 나는 다시 이렇게 물었다.

"이명박 정권 5년 동안에 중산층 9%가 없어졌습니다. 그들은 빈민층으로 내려갔습니다. 그중 다수가 생계비 보조금을 받아야 할 대상자로 전락했습니다. 이 사실을 알고 있는 분 손들어 보세요."

아무도 손을 드는 사람이 없었다. 모두 모르고 있었느냐는 질문에 그렇다고들 했다. 신문에 났는데도 몰랐느냐고 하자 어느 신문에 났느냐는 질문을 받았다. 한겨레신문에 났다고 대답하자 한 분이 자기도 한겨레신문을 보는데 못 보았다고 했다.

나는 또 물었다. "이명박 대통령이 취임하자마자 환율을 3백 원가량 올려주었습니다. 그래서 수출이 주 부분을 차지하는 대기업은 하룻밤 사이에 수백억 원, 수천억 원을 벌었습니다. 주로 대기업에 납품을 하는 중소기업들은 원자재를 수입합니다. 그래서 그들은 하룻밤 사이에 아무 잘못한 일이 없는데도 수십억 원 또는 수백억 원을 잃었습니다. 그러한 사실을 알고 있는 분 손들어 보세요."

물론 아무도 손을 드는 사람이 없었다.

또 물었다.

"박근혜 대통령 취임 후 삼성전자는 일 년간 전년에 비해 3천억 원이 넘는 이익을 남겼습니다. 그런데 놀라운 일은 전년보다 3천억 원이나 더 벌어놓고 4천여 명을 정리 해고했습니다. 이 사실을 알고 있는 분 손들어 보세요."

또 없다.

다른 곳에서도 기회가 있으면 자녀교육 강의를 시작하기 전에 그러한 질문을 해본다. 아직 손드는 사람을 보지 못했다. 다 신문에 난 사실들이었는데.

어른들 말 중에 "알아야 면장을 한다"는 말이 있다. 면장도 알아야 하는데 자신과 자식이 살고 있는 대한민국이 어떻게 어디로 굴러가고 있는지 모르면서 자식에게 이래라저래라 할 수 있을까? 현재의 정부가 어떻게 어디로 국가를 끌고 가고 있는지를 알아야 이렇게 살자, 저렇게 살자 할 수 있는 것 아닐까? 힘 있는 자들이 나라야 망하든 말든 자기와 자기들 집단의 이익만 챙기는, 그래서 빈부 격차를 점점 더 벌어지게 만드는 정치를 하고 있는지, 아니면 빈부 격차를 좁히는 정치를 하고 있는지 분별할 줄도 모르면서 자식에게 물려줄 대한민국을 꿈꿀 수 있을까?

자식 교육은 자식이 앞으로 살아가야 할 세상을 알아야 제대로 할 수 있다.

"지금 우리가 살고 있는 대한민국은 이러이러하다. 그러니 너는 이러이러해야 한다."

또는 이렇게 가르칠 수도 있다.

"앞으로 네가 살 세상은 이러이러하다. 그러니 너는 이러이러하게 준비해야 한다."

더 나아가,

"우리가 지금 살고 있는 세상은 이러이러하다. 그러니 보다 좋은 세상을 만들기 위해 아빠, 엄마는 이러이러한 노력을 하고 있

다. 너도 보다 밝고 따듯한 세상을 만들어가 네 자식에게 물려
다오."

라고 해야 할 테다. 그런데 자기가 살고 있는 대한민국이 어떤
정당과 어떤 세력들에 의해 좌지우지되고 있는지 알아야 자식
교육 방침과 방향을 정할 수 있는 것 아닌가? 그냥 아무것도 모
르고 자기가 살고 있는 정서에 따라 투표만 하면 나라는 잘 굴러
가고 자식들은 보다 맑고 밝고 따듯한 세상에서 살아가게 되
는가?

자기가 살고 있는 가장 가까운 공간과 시간 속에서 벌어지고
있는 일들의 진실을 파악하려는 노력 없이는 어떤 진리의 눈도
뜨이지 않는다. 종교적 진리의 눈도, 교육적 진리의 눈도.

모든 사람이 꼭 알아두어야 할 사실이 하나 있다. 힘을 가진
소수의 집단이 힘이 없는 다수의 집단의 희생 위에 부를 축적하
고 독점하고 착취해왔지만, 진리를 깨친 눈 뜬 소수의 눈물과 땀
과 피 흘림을 통해 역사는,

억압에서 자유로,
불평등에서 평등으로,
착취에서 공존으로,
진보해왔다.

앞으로도 역사는 그들의 희생 위에 평화를 향해 진보할 것
이다.

인류 역사를 지배해온, 그리고 지배하고 있는 문명의 악마성을 보는 눈과 마음은 자기를 지배하는 집단의 정서와 이성에서 해방될 때 비로소 가능해진다. 그 해방은 자기 집단의 이성과 정서에 대해 합리적 의심의 끈을 놓지 않고 살 때 성숙해진다.

그런 눈 뜬, 마음이 깨끗한 사람들의 눈물과 땀과 피 위에 현재 왕조 국가는 없어지고 민주주의 국가가 탄생했다.

그러나 여전히 힘을 가진 소수의 집단이 다수의 힘없는 집단의 희생 위에 부를 축적하여 불평등한 세상을 만들고 있다. 이에 맞서 싸운 싸움이 일제 강점기 시대의 독립운동이었다. 독립운동을 훌륭한 운동으로 인정한다면 당연히 민주주의를 위한 운동도 인정해야 한다. 왜? 대한민국은 민주공화국이지, 이승만 왕조나 박정희 왕조가 지배하는 나라가 아니기 때문이다. 그런데 해방 이후 어떠했는가? 민주주의의 발전을 위해서 싸우는 학생들에게 총질을 한 것이 4.19 때 아닌가? 박정희의 영구 집권을 막고자 시위를 하던 학생들을 빨갱이로 몰고, 북한의 사주를 받아 데모를 한다고 하면서 각종 사건을 조작하고 국민을 우롱하는 프로파간다를 언론을 통해 퍼뜨렸을 때, 어디 못 배운 사람들만 그렇다고 믿었는가? 특정 지역에서는 박사들도, 교수들도, 목사들도 믿지 않았는가? 지역 정서에 매몰되어. 있지도 않은 '민청련'이라는 단체를 만들어 학생들에게 사형을 선고하고 무기징역을 선고하고 감옥에 집어넣었을 때 그들을 정말 빨갱이라고 믿지 않았는가? 다행인 것은 신문과 라디오와 텔레비전을 통해 그러한 사실을 발표하여 다른 학생들과 부모들에게 공포심을 불러일으키고 나서 슬그머니 1,2년 뒤에 모두 석방한 일이다. 그런 일이 한두 번인가? 통혁당, 남민전, 인혁당 사건. 그런데 참으로 이상한 것은 힘을 가진 집단을 지지하는 사람들 가운데 어떤 이들은 그러한 사실을 알면서도 민주주의의 발전을 위해 싸우는 사람들을 빨갱이로, 종북 세력으로 믿고 있다는 사실이다. 또는 세월이 흘러 그 모두가 허위 사실이었다는 것을 알게 되었는데도 그러한 반민족·반민주 행위를 한 정당을 무조건 지지하는 지역이 현존한다는 사실이다. 광주에서 이제는 모두 다 알고 있는 대량 국민학살이 자행되었는데도 제 국민을 학살한—그것도 20세기에, 며칠에 걸쳐서 대낮에—정권을 무조건 지지하는 집단과 지역이 상존한다는 사실이다. 나는 광주 국민 학살 사건이 있은 직후 서울에서 제법 성공하여 먹고살만 하게 된 친구를 만나서 광주에서 일어난 일을 이야기했다. 나는 그 친구가 세상에 어떻게 그런 일이 있을 수 있단 말인가? 하며 펄펄 뛸 줄 알았다. 그런데 그 친구가 한다는 말이,

"오죽하머 그랬겠나?"였다.

'그 오죽하머'의 '오죽'이 어느 정도의 잘못을 의미하는지 궁금하다. 지금도. 과거 왕조시대에 역모죄는 구족을 멸하는 죄에 해당되었다. 광주 시민들이 역모했다는 말인가? 아니면 반란을 일으켰다는 말인가? 도대체 그 '오죽'이 가리키는 죄가 무엇이었을

까? 그는 대학 교육까지 받은 사람이었는데.

거창고등학교를 매우 사랑하는 분이 있었다. 물론 나를 무척 사랑하셨다. 나는 노무현 대통령 때 교육혁신위원회 위원장을 맡았다. 내가 위원장으로 임명되었다는 뉴스를 보고 다음 날 새벽같이 전화를 걸어오셨다.

"아니 전 교장, 노무현이는 빨갱이인데 어떻게 전 교장을 임명했지?"

"아니, 누가 노무현 대통령을 빨갱이라고 해요?"

묻는 나에게 그가 한 대답은 하늘이 무너지는 소리였다.

"우리 교회 목사님이."

그는 서울에 있는 초대형 S교회에 다니고 있었다.

거창에서 거창고등학교를 빨갱이 학교라고 내놓고 말하는 사람들이 사라진 것은 김영삼 문민정부 이후였다.

문재인과 박근혜가 대선을 치르고 있던 때이다. 어느 날 서울의 한 교회에 성서적 자녀교육에 대해 강의를 하러 가기 전에 가까운 곳에 있는 K교회에 예배를 드리러 갔다. 그 교회도 초대형 교회이다. 세상에! 부목사가 대표 기도를 하는데 "주님, 종북 세력이 집권하지 않도록 우리 교인들이 현명한 판단을 하게 해 주소서"라고 하였다.

그 교회가 예배드리는 하나님은 바로의 하나님인가? 모세의 하나님인가? 그 교회가 섬기는 예수는 이집트의 예수인가? 히브리 노예의 예수인가?

전두환 때 일이다. 나는 당시 YMCA 전국 연맹의 이사로 교육 사회분과 위원장을 맡고 있었다. 어느 날 서울 힐튼 호텔에서 전국 YMCA 이사장들이 모임을 가졌다. 나는 부산의 이사장과 광주의 이사장과 식사를 하게 되었다. 그런데 세상에! 부산의 이사장이 광주의 이사장에게 이렇게 말하는 것이었다.

"광주 민주항쟁이라니 김대중 지지운동이지."

다행히 광주 이사장은 허허 웃고 대꾸를 하지 않았다.

미국에 대학 후배가 하나 있다. 미국에 살지만 대한민국 걱정을 많이 한다. 그는 지난 대선 때 카카오톡을 열심히 했다. 늘 올리는 글은 문재인은 종북 세력이라는 글이었다. 한국에서는 듣도 보도 못한 글들을 어디에선가 퍼 와서, 문재인이 종북 세력이라는 사실을 널리 알리기 위해 여러 사람에게 전달하라고 부탁했다. 거의 매일 같이. 참 열심이었다.

대한민국은 한자로 大韓民國, 영어로 Republic of Korea라 표기한다. 분명 民國이다. 민주주의 국가라는 말이다. Republic, 공화국이라는 말이다. 국민의, 국민에 의한, 국민을 위한 정부가 국가 경영을 국민에게 일정 기간 위임받아 정치를 하는 국가라는 말이다. 민주주의 국가는 독재국가가 아니라는 말이다. 이승만, 박정희, 전두환, 노태우 다 독재자들 아닌가? 독재자보고 독재

자라고 하면 왜 빨갱이나 종북 세력이 되는 것인가?

얼마 전 한 의사 후배가 찾아왔다. 문재인이 대통령이 되고 나서 잘하는 게 하나도 없다고 말했다. 내가 왜 그렇게 생각하느냐고 물었다. 국방도 그렇고, 외교도 그렇다는 것이다. 외교는 잘하고 있는 것 아니냐고 반문하자, "김정은에게 끌려다니고 있잖아요. 김정은에게 시간만 벌어주고 있어요"라고 자기 판단인 것처럼 말했는데, 사실은 며칠 전 한 야당 국회의원이 방송에서 한 말이었다.

사람은 자기가 속해 있는 집단의 사유에서 벗어나야 한다. 자기가 살고 있는 지역의 사유에서 벗어나야 한다. 자기가 믿고 있는 종교의 집단 사유에서 벗어나야 한다. 자기가 늘 함께하는 사람들의 정서적 사유에서 벗어나야 한다. 자기가 살고 있는 문명의 사유에서 벗어나야 한다. 그래야 하늘의 뜻이 보인다. 곧 선과 악이 보인다.

사람은 자기를 둘러싼 집단의 집단 사유에서 자유롭지 못하다. 자기가 속해 있는 집단의 집단 사유에 갇혀 있다는 사실을 모르기 때문이다. 자기가 눈이 하나인 원숭이인 것을 모르기 때문이다. 집단 사유보다 더 무서운 것은 집단 정서이다. 그 집단 정서에서 벗어나지 못하면 목 위에 달고 다니는 물건이 머리가 아니고 돌이 되어버린다. 그 머리로 목사도 되고 의사도 되고 판검사도 되고 국회의원도 되고 교수도 되고 재벌의 하수인이 되고 태극기 부대의 대원도 된다. 무엇이 정의이고 무엇이 사랑인지를 분간하는 지적·도덕적·심적 능력, 곧 지혜를 상실한다. 집단 사유와 집단 정서는 악이다. 악은 악마의 힘을 가지고 있다. 인간이 가지고 있는 악마성의 힘은 절대적이다. 인간의 힘을 넘어선다.

그러한 집단 사유와 정서에서 인간을 해방시키려고 신이 예수, 부처, 공자를 보냈다. 그런데도 예수는 교회가 죽이고 부처는 절이 죽이고 공자는 유림이 죽인다. 그것이 인간의 한계다. 그 한계를 예수는 '죄'라 하고 부처는 '망상'이라 하고 공자는 '못 배움'이라 했다.

그래서 공자는 배움은 곧 상식화된 가치들을 의심하는 일, 학문이라 했다. 질문하는 법을 배운다고 해서 학문學問이라 했다. 학문의 목적은 백성을 사랑하여 돌보는 일親民이라 했다. 부처는 마음의 거울에 덕지덕지 묻어 있는 상식화된 때를 닦고 또 닦아 내야 해탈한다고 했다. 예수는 그 상식화된 길을 버리고 방향을 전환해 새로운 길을 걸으라고 했다. 이를 회개悔改라 했다.

학문을 배우지 않고 마음을 닦지 아니하고 회개를 하지 않는 부모가 어찌 자녀들에게 바른 길을 보여줄 수 있겠는가? 그리고 참 행복한 삶을 보여줄 수 있겠는가? 부모가 하늘의 뜻/평화를 알아야 자녀에게 하늘의 뜻을 보여줄 수 있는 법 아닌가?

부모가 현재의 불공평·차별·억압·착취와 맞서, 정의롭고 평등하고 상생하는 새 세상을 열어가는 모습을 보여줄 의무를 충실히 실천할 때, 자녀는 참 행복이 무엇인지 보게 될 것이다.

촛불집회에 아이들을 데리고 참가한 부모들이 그렇게 예뻐 보인 이유가 바로 그것 아닌가?

돈, 권력, 명예를 가지는 것이 행복인 줄 아는 거짓 행복관에 사로잡힌 사람들에겐 사실을 알고 싶어 하는 열망이 없다. 언론에서 떠들어대면, 또는 자기편 정치가가 하는 말이면 무조건 옳다고 생각해버린다. 그리고 그 정치가의 말을 마치 자기가 생각해낸 것인 양 떠들어댄다. 노무현 참여정부 시절 한 골프 연습장에서 본 일이다. 여자들이 휴게실에 모여 앉아 이런저런 이야기를 하고 있었다. 한 건설업자가 들어왔다. 그리 큰 부자는 아니지만 먹고살 만큼 벌었다. 그는 들어서자마자 누가 묻지도 않았는데 "그리스가 왜 망했는지 알아요?"라고 질문했다.

아무도 대답이 없었다. 느닷없는 질문에 어리둥절할 뿐이었다.

"복지비 때문에 망한기라요. 복지비가 너무 많아져서 망한기라요. 우리도 이 꼴로 막 퍼주다가는 망해요, 망해!"

아무도 대답이 없었다.

그는 정치를 공부한 적도, 사회복지에 대해 공부한 적도 없는 사람이다. 고등학교만 졸업하고 자그마한 건설업을 하고 있었다. 그런데 마치 자기가 공부해서 안 것처럼 그리스가 망한 이유를 설명하고 있었다. 그것도 열변을 토하면서. 아마도 내가 참여정부와 가까운 것을 알고 나 들으라고 그랬을 것이다. 그의 말은 홍 모라는 국회의원이 TV에서 얼마 전에 한 말이었다.

그리스가 망했다는 말도 생소하지만 복지비가 너무 많아져서 감당하지 못해 망했다는 설명은 참 어이가 없다. 그리스의 복지비가 국가의 경제적 능력으로 감당하기 어렵게 된 이유는 독재를 너무 오래해서이다. 독재를 오래하면 빈부 격차가 심화된다. 소수의 1%는 어마어마하게 잘 살게 되고 나머지 99%는 모두 가난해진다. 그래서 생활 복지비를 받아야 할 사람의 수가 늘어나게 마련이고 따라서 복지비 지출이 늘어나게 된다. 이명박 대통령 때 9%의 중산층이 사라지고 그 대부분이 생활 복지비 지급대상자가 되었던 것처럼. 그러니 그리스의 경제가 어려워진 원인은 독재이지, 복지비의 증가가 아니다. 복지비 증가는 독재의 결과이다. 그는 거창 지역이 지지하는 정당의 사람들과 어울리면서 들은 프로파간다를 마치 자기가 공부해서 알아낸 것처럼 떠들면서 여자들에게 아는 척을 한 것이다.

세월호의 진상을 알고 싶어 하는 마음이 없는 사람은 불행한 사람이다. 자기가 살고 있는 사회·국가에서 일어난 사건의 사실을 알고 싶어 하는 마음이 없는 사람은 자기 지역이 지지하는 정당의 말만 듣고 만다. 그리고 그것을 진실이라고 믿고 산다. 자기 지역이 지지하지 않는 정당이 말하는 것은 틀렸고 그래서 그들은 빨갱이고 좌파이고 종북 세력이다. 그런 사람들의 특징은 일제 때는 친일을 했고 자유당 때는 자유당을 지지했고 공화당 때는 공화당을 지지했고 민정당 때는 민정당을 지지했고……. 어떤 때는 그들이 살아온 길을 보면서 이런 생각이 들기도 한다. 만약, 만약 공산당이 들어와 정권을 잡는다면 저들은 또 공산당을 지지하겠지, 라는 생각이.

마음을 닦고 또 닦아 제 나라 대한민국의 현주소를 보아야 하늘의 뜻을 볼 것이 아닌가? 대한민국의 현주소도 모르는데 미래의 주소를 알까? 자식에게 물려줄 대한민국을 볼까?

하늘의 뜻은 대한민국의 현주소를 보고 애통해할 때 보인다.

마음을 부단히 닦고 닦아 깨끗한 마음을 품으려는 노력 없이 하늘을 보는 눈, 하늘을 듣는 귀, 하늘을 품는 마음이 열릴 수 없다. 자기가 살고 있는 문명의 악마성을 보고 듣고 느끼는 눈, 귀, 마음이 열리지 못한다. 그 눈, 귀, 마음이 열리지 못하면 가야 할 길을 알 수 없다.

복된 삶은 깨끗한 마음을 지니고 절대자 앞에 맨발로 서는 데서 시작한다. 절대자 앞에 맨발로 서서 사는 사람은 마음이 깨끗해진다. 마음이 깨끗한 사람이 복된 사람이다.

이기심을 초월하고 깨끗한 마음을 가진 사람이 빠지기 쉬운 함정은, 그렇지 못한 사람을 참지 못하는 것이다. 그러한 사람은 자비한 마음을 가지려는 부단한 노력을 해야 한다. 자기처럼 이기심을 초월하지 못하고 동기가 순수하지 못한 동료가 안타깝더라도 참고 함께 일할 줄 알아야 한다. 그러한 동료를 위한 기도가 없으면 깨끗한 마음이 교만으로 타락하고 만다. 동기가 순수한 마음, 깨끗한 마음이 온갖 종류의 동료와 함께 일할 수 있는 참을성과 지혜를 주어야지 교만한 사람이 되게 해서는 안 된다. 마음이 깨끗해 모든 일에 동기가 순수한 사람, 그래서 하늘의 뜻을 보는 사람이 어찌 동기가 불순한 동료의 불순한 동기가 보이지 않겠는가? 하고 있는 일의 궁극적 목적에 대한 이해가 부족하고 헌신이 부족하고 동기가 순수하지 못한 동료에 대한 참을성과 배려, 그를 위한 기도만이 그들과 함께 일할 수 있는 지혜를 준다.

마음이 깨끗한 사람은 하늘의 뜻만 보는 것이 아니라 하늘의 지혜도 보게 된다. 그러니 마음이 깨끗한 삶은 얼마나 복된 삶일까!

인류의 평화를 위해 사는 사람

평화를 만들어가는 사람이 행복한 사람이다.
전쟁을 일으키는 사람은 불행한 사람이다.
평화는 모든 사람의 안녕이다.
평화의 반대는 경쟁이다. 최고 최악의 경쟁이 전쟁이다.

사람들은 전쟁을 잘 지휘해서 전쟁에 이긴 사람들을 영웅이라
고 한다. 예로 알렉산더, 칭기즈 칸, 나폴레옹, 진시황제, 왕건, 유
방, 주원장 등이 있다. 그들을 주인공으로 한 예술 작품이 얼마나
많은가. 그들의 삶을 영웅적 삶으로 그린 예술 작품들은 또 만들
어지고 만들어진다. 유방이 항우에게 이겨 한나라를 세워 중국
천하를 호령하는 황제가 되었다고 그를 영웅이라고들 하는데,
그렇다면 안중근 의사는 영웅을 암살한 역사의 죄인이라는 말인

가? 이토 히로부미는 일본의 동양 제패를 위해 대동아전쟁을 획책한 사람이다. 유방이 영웅이라면 이토 히로부미도 영웅이어야 한다. 일본의 동양 제패를 위해 대동아전쟁을 기획하고 실천에 옮긴 사람이니 그 또한 영웅 아닌가? 많은 일본 사람이 그를 일본 최고의 영웅으로 본다. 그런 영웅을 하얼빈 역에서 육연발 권총으로 쏴 죽였으니 안중근은 영웅을 암살한 역사의 죄인이 되어야 한다. 일본은 그렇게 믿었기 때문에 안중근을 사형시켰다.

한 가지 분명히 해둘 것은 그들이 이룩했다는 통일은 우리가 지향해야 할 통일이 아니라는 점이다. 정복 민족이 피정복 민족과 똑같은 정치적·경제적·사회적 평등을 나누고 산 역사가 있는가? 없다. 왜 꼭 천하를 통일해야 하는가. 왜 꼭 정복해서 자기 국가에 편입시켜야 하는가? 왜 꼭 정복하여 자기들의 문화를 이식시켜야 하는가? 소수의 작은 민족들도 자기들의 문화를 간직하고 누리면서, 한 공동체 국가를 만들어 살 권리가 있지 않은가? 왜 꼭 큰 나라에 편입되어 독립을 잃고 살아야만 하는가? 큰 나라라고 해서 모든 민족을 지배하고 착취하면서 살 권리가 있는가? 도대체 그러한 권리는 누가 준 권리인가?

그 영웅이라는 자들은 하늘이 주었다고 한다. 그래서 그렇게 전쟁을 통해 주변의 작은 나라들을 모조리 정복하고선 천하를 통일했다고 한다. 모든 부족, 민족을 다 정복했으니 이제 더는 전쟁이 없다, 그러니 천하에 평화를 가져왔다, 고 주장했다. 그리고 스스로를 신의 아들들이라고들 했다. 이집트의 왕은 태양신 라의 아들, 바빌론의 왕은 마루둑 신의 아들, 로마의 황제들의 수호

신은 주피터, 중국의 황제들은 하늘의 아들天子……. 그들의 천하통일의 야욕에 의해 개죽음을 당한 사람의 수는 이루 헤아릴 수 없다. 지구상에서 역사적으로 사람을 제일 많이 죽인 동물이 모기 다음에 인간이다. 제국이라는 짐승이 그런 짓을 저질렀다.

신, 신이 없다면 몰라도 신이 있다면 그 신은 개죽음을 당한 사람들의 편일까, 아니면 제국의 편일까? 만약 제국의 편이라면 그 신은 섬겨야 할 신이 아니다. 목숨을 걸고 싸워야 할 신이다. 그 제국의 신들과 목숨을 걸고 싸운 분들이 예수요, 부처요, 공자이다.

신, 곧 하늘의 뜻은 인류가 서로 도와 평화를 구축하라는 것이다. 제국의 평화가 아니다. 인간의 평화다. 영웅의 평화가 아니다. 백성의 평화다. 왕과 황제들의 평화가 아니다. 힘 가지지 못한 다수의 평화다. 힘 가진 자들, 곧 소수의 평화가 아니다. 힘 가진 자가 힘없는 사람을 섬기는 평화다.

총과 칼로 만든 평화는 1%와 그 하수인들의 평화이다. 그 평화는 진짜 평화가 아니다. 가짜 평화다. 참 평화는 정의와 사랑으로 만드는 평화다.

통일은 평화로 가는 길 중 하나이다. 또는 한 단계이다. 평화가 목적이고 통일은 그 수단 가운데 하나이다. 평화가 단순히 통일을 위한 명분이 되어서는 안 된다. 평화가 명분으로 전락할 때 유럽 열강의 식민지 쟁탈의 정당성이, 미국의 아메리카 인디언 몰살의 정당성이, 홀로코스트의 정당성이, 20세기 말에 곳곳에서 자행된 인종학살의 정당성이, 특정 집단에 속해 있는 사람들의 이성과 감정을 무비판적으로 지배하게 된다. 유대인을 지구상에서 말살시켜야 세계가 평화로워진다는 논리가 철학과 음악을 사랑하는 독일 사람들의 이성과 감성을 무비판적으로 지배했을 때 히틀러의 아우슈비츠가 가능해졌다. 도대체 어떻게 20세기에, 그것도 기독교 국가 독일에서 그런 일이 일어날 수 있었는지? 이해하려야 이해할 수 없는 일이 실제로 일어나지 않았는가? 어떻게 일본 최고의 동경대 의대를 수석으로 졸업한 의사가 731부대의 사령관이 되어 생화학전을 위한 실험 대상으로 인간을 쓸 수 있었을까? 이시이 시로도 히포크라테스 선서를 하고 의사가 되었을 터인데. '동양의 평화'가 일본의 아시아 제패의 명분으로 전락했을 때 의사가 동료 인간을 실험 대상으로 쓰는 일이 가능해졌던 것이다.

위의 말들로 설명이 될지 모르겠다. 분명한 것은 제주에서 국민을 학살했든, 광주에서 국민을 도륙했든, 자기 지역에 기반을 둔 정당이면 무조건 표를 찍어 주는 집단이 존재한다는 사실이다. 자기가 지지하는 집단이 무슨 짓을 하든 상관없이 표를 던지는 집단이 존재하는 것이 대한민국의 현주소이다. 그런 우리가 과연 독일과 일본을 비난할 자격이 있는가? 제주도에서 4.3의 만행을 저지른 당에게 표를 던져준 우리가, 신원에서 양민들을 학살한 당에 표를 몰아준 우리가, 광주에서 백주에 제 국민을 도륙한 당을 집권하게 해준 우리가 홀로코스트와 731부대를 말할 수 있는가?

"한반도의 평화를 위해서는 남침이든 북침이든 상관없다. 통일만 하면 된다"고 외치며 태극기를 휘두르는 집단의 이성과 감성은 아무도 말리지 못하고 그들의 머리를 일깨워줄 수도 없다. 그들의 수가 많아질수록 한반도에서의 전쟁의 위험성은 커진다.

평화를 명분으로 내세운 전쟁은 악이다. 남침이든 북침이든 모두 악이다. 그것이 6.25가 악인 이유이다.

사람은 마땅히 역사의 진보 방향, 곧 평화의 길을 따라 살아야 한다. 그것이 행복한 삶이다. 평화의 세상을 여는 데 적극적이든 소극적이든 이바지하며 사는 것이 행복한 삶이다. 역사가 평화와 반대로 가는 데 이바지하며 사는 것은—적극적이든 소극적이든—악의 삶이다. 악의 삶을 사는 것은 당연히 불행한 삶이다.

우리의 소원은 평화다. 그 소원은 통일일 수도 공존일 수도 있다. 통일도, 공존도 인류의 평화로 가는 길이기 때문이다. 예수는 평화를 위해 일하는 사람이 곧 하나님의 아들이요, 딸이라고 했다. 하나님의 아들과 딸이라는 칭호는 기독교 최고의 칭호이다.

세상에 평화를 가져오는 일을 방해하는 생명체는 없다. 동물은 평화를 위해 일하지 못한다. 그러나 전쟁은 하지 않는다. 오직 인간만이 하늘의 길에 역행하는 전쟁을 한다. 그러나 사람은 평화를 위해 일할 수도 있다. 평화를 위해 일할 수 있기 때문에 사람은 동물과는 차원이 다른 존재이다.

사람은 전쟁을 하라고 태어난 존재가 아니다.

지면서 기뻐하는 사람

고난이 축복인 것을 아는 사람.
참 자유로운 사람.

평화의 반대는 경쟁이다. 상식은 경쟁에서 이기는 것이 성공이고 행복이라고 말한다. 어떤 분야에서건 경쟁에서 이기면 경제적으로 이익을 얻고 따라서 감정적 기쁨을 받는다. 그러나 감정적 기쁨이 곧 행복은 아니다. 행복은 감정적 기쁨과 관계가 없다. 어떤 때는 감정적 슬픔이 행복일 때가 있다.

윤동주는 조국이 일본의 압제 아래 신음하는 현실 앞에서 늘 슬픔을 안고 살았다. 그가 행복한 사람이지 일본이 주는 부를 누리며 살던 이완용이 행복한 삶을 산 것은 아니지 않은가? 예레미야는 비운의 예언자였다. 조국이 바빌로니아에게 멸망당할 것을 일찍이 예측하고, 조국의 멸망을 막아보려고 몸부림쳤다. 그러나 그의 몸부림은 허사가 되었고 조국이 멸망해 왕과 귀족들과 동포들이 포로로 끌려가는 모습을 목격해야 했다. 그는 일생을 울면서 보냈다. 그래서 그의 별명은 '눈물의 예언자'였고 그가 남긴 '애가'는 성서가 되었다. 조국의 멸망 앞에서 눈물로 살아야 했던 예레미야는 복된 삶을 산 것이다.

정의와 사랑으로 평화를 이루려는 사람의 삶은 고달프다. 고난의 길을 걸어야 한다. 세상은 이기는 자가 지배하는 것이 당연하다는 상식 위에 서 있다. 약육강식의 상식 위에 서 있다. 상식은 사람들의 의심을 받지 않고 당연한 진리로 받아들여지고 있는 가치이다. 그리고 그 가치를 정상으로 믿고 사는 사람들이 세상을 지배한다. 그들은 수적으로도 우세하다. 그리고 그들은 자기들이 믿고 있는 정상/상식/진리를 반대하는 사람들을 사회에 위험한 존재들이라고 믿는다. 그래서 그들은 반대의 가치를 가지고 사는 사람들을 싫어하기만 하는 것이 아니라 박해하고, 심지어 죽이기까지 한다. 사회의 안전을 위해서. 예수가 죽임을 당한 이유가 그 때문이요, 부처가 제 나라에서 발붙이지 못한 이유가 바로 그 때문이다. 공자가 천하를 돌며 인/평화의 세상을 만드는 가르침을 펼치다가 여러 번 죽을 고비를 맛보아야 했던 이유도 바로 그 때문이다.

그들 힘을 가진 집단은 평화를 힘으로 이룩하여야 한다고 믿는다. 인·사랑·자비로 평화의 세상을 열어야 한다는 생각은 사회와 역사에 가장 위험한 사상이라고 믿는다. 따라서 정의와 사랑으로 평화의 세상을 만들어가려고 하는 사람의 삶은 고달플 수밖에 없다.

동서양을 막론하고 제국주의 국가들은 스스로를 전쟁을 종식시킨 평화 메이커라고 선전했다. 힘이 정의인 그들의 힘은 막강하여 정의로 평화를 이룩하려는 사람들을 박해하여 옥에 가두고 안 되면 서슴없이 죽여버렸다. 일제 때 조국의 독립을 통해 한반도에 평화를 구축하려던 사람들을 일본이 어떻게 했는지 되돌아보라. 미국이 독립을 위해 일어선 호찌민과 그를 따르던 월맹 사람들을 어떻게 했는지 보라. 독립을 원하던 애국지사들과 호찌민이 옳지, 일본과 미국이 옳았는가? 이승만과 박정희와 전두환과 노태우가 민주주의 국가를 염원하는 학생들을 어떻게 했는지 우리는 보아오지 않았는가? 그들을 따르는 집단은 학생의 의무는 오직 공부만 하는 것이라고 강변했다. 80년대에 한 교수가 내게 이렇게 말했다.

"학생 놈들이 공부가 하기 싫으니까 데모를 한다 아이오? 하라는 공부는 안 하고 데모만 하는 기라요?" 그는 독실한 기독교 신자였다.

그들의 강변은 항상 '농사짓는 놈들이 농사는 안 짓고', '선생이란 놈들이 학생들은 안 가르치고', '목사란 것들이 설교는 안 하고', '공돌이·공순이들은 일이나 하지, 일은 안 하고'였다.

평화로 가는 정의의 길은 험난하기 짝이 없다. 정의의 길은 고난의 길이요, 때로는 죽음의 길이기도 하다. 그럼에도 불구하고 마침내 정의가 이긴다는 신념 하나로 싸워온 사람들의 희생이 있었기에 오늘날 이만큼의 세상이 된 것이다. 앞으로도 그러한 사람들의 희생 위에 더 따스하고 더 밝은 세상이 느리지만 반드시 올 것이다. 그래서 그들은 현실에서 지면서도 기뻐한다. 종국에는 그들이 바친 삶이 다음 세대에게 새로운 세상을 가져다주기 때문이다.

정의로 평화를 이룩하려는 사람들이 겪는 박해가 당연한 이유가 또 하나 있다. 동서양을 막론하고 조직은 경직되어 있다. 그중에서도 역사적으로 오래된 집단일수록 경직성이 강하다. 군대·관료 집단·종교 집단·교사 집단. 이 네 집단은 역사적으로 가장 오래된 조직이다. 도시 국가가 커져 제국이 될 즈음에는 이 집단들이 황제를 중심으로 지배 계급이 되었다. 이렇게 역사적으로 오래된 집단들은 생겨날 때부터 지배 계급을 지탱해주는 집단이었고 따라서 당연히 지배 계급이었다. 그래서 그들은 생태적 성격상 변화를 싫어할 수밖에 없다. 그 지배 계급이 유지되어야 하기 때문이다. 그래서 생겨난 것이 카스트 제도이다. 양반제도이다. 하늘이 사람을 태어날 때부터 양반과 상놈으로 태어나게 했다는 것이다. 유대교와 기독교는 유대교인과 기독교인이 아닌 사람들을 죄인이라고 규정해 차별했다. 그리고 그 차별을 신을 위한 종교 행위라고 믿었다.

어쩌다 기독교가 '모든 사람이 하나님 앞에서 평등'하다는 예수의 십자가의 길을 버리고 카스트 제도가 만고불변의 진리라고 믿는 종교가 되어 버렸을까?

종교 집단도 인간의 조직이기에 세상 모든 조직이 가는 길을 따라가게 되어 있다. 이것이 모든 종교가 끊임없이 환골탈퇴의 개혁의 길을 가야 하는 이유이다.

이렇게 만들어진 카스트 제도로 유지되는 왕을 중심으로 한 지배 집단은 변화를 싫어할 수밖에 없고, 따라서 변화를 가져오려고 하는 피지배 집단의 저항을 탄압할 수밖에 없었다. 그래서 피지배 집단의 저항을 반란이라고 규정했다. 만적의 난. 왕후장상의 씨가 따로 있을 수 없다는 만적의 주장이야말로 만고불변의 진리이다. 그러나 지배 집단은 이를 난亂으로 보고 구족을 멸하는 벌을 가했다. 종교도 자기 정화를 위해 개혁을 주장하는 사람들을 파문시키기도 하고 죽이기도 했다.

힘이 아닌 정의로 평화를 만드는 사람은 고난이 축복인 것을 아는 사람들이다.

정의의 실현을 통해 평화로운 세상을 열어가려는 사람은 외롭기 마련이다.

정의로 세상에 평화를 가져오려는 사람을 힘을 가진 사람들이 미워하는 것은 이해할 수 있다. 반면 힘을 가지지 못한 사람들이 정의로운 사람을 가까이하지 않으려는 이유는 이해하기 힘들다.

아마도 첫째 이유는 가까이 하는 것이 위험하기 때문일 테다.

1984년 정찬용을 중심으로 거창읍에 YMCA가 세워졌다. 정찬용은 박정희에 의해 유령단체인 민청련의 일원으로 둔갑되어 12년 형을 선고받았다. 그 후 1년간의 옥살이를 마치고 5년 동안 거창고등학교에서 국어를 가르치는 교사로 근무했다. 그러다가 교사를 그만두고 거창군에 농민회를 만들어 활동하다가, 전국적 조직을 가진 민주화 운동의 필요성을 느껴 거창YMCA를 시작하였다. 그는 1984년 4월에 조그마한 건물 2층을 빌려 거창 YMCA 창립식을 열었다. 거창 적십자병원 원장 허진철과 당시 거창고등학교 교장이었던 필자와 친한 친구 몇 사람, 총 열 명도 안 되는 사람들이 모였다. 그때 거창의 유지 가운데 두 사람이 참석해주었다. 그런데 며칠 후 그 두 사람은 검찰에 불려가 혼이 났다. 한편, 김영삼 문민정부가 들어서기 전에 자녀를 거창고등학교에 보낸 과장급 공무원은 단 둘. 그 아이들 가운데 하나는 5회 졸업생이다. 거창고등학교에 자녀를 보낸 경찰은 다섯 손가락을 채 꼽지 못한다.

둘째는 불편하기 때문일 것이다. 독재 치하에서는 사회 정의를 구현하기 위해 사는 사람을 존경하는 사람이 더러 있기는 하지만 많지는 않다. 함께 지내며 사귀는 것이 불편하기 때문이다. 독재 시절엔 정의에 대한 얘기를 듣는 것조차 불편해했다.

셋째는 이해하지 못하거나 아니면 힘으로 정의를 이루어야 한다고 믿기 때문일 것이다. 정의로운 사회를 만들기 위해 일하는 사람들 가운데에도 힘으로 정의로운 사회를 만들어야 한다고 생각하는 사람들이 많다. 숫자의 힘으로, 돈의 힘으로, 권력의 힘으로 정의로운 사회를 만들 수 있다고 믿는 사람이 많다. 하지만 촛불집회의 힘은 모인 사람들의 숫자에 있지 않았다. 집회의 질에 있었다. 과거 70년대와 80년대의 학생 주도의 데모보다 질적으로 성숙한 집회였다는 것이 더 중요하다. 촛불집회에 참가한 사람들의 수도 중요하지만 왜 그렇게 많은 사람이 참여했는지 그 이유를 생각해보자. 그렇게 많은 사람을 참여하게 한 것은 집회의 비폭력적 '평화'였다. 미국의 흑인 인권 운동의 비폭력 시위와 촛불집회의 공통점은 '비폭력적·평화적 저항'이다. 촛불집회는 미국의 마틴 루터 킹의 흑인 인권운동보다 더 위대한 집회였다. 왜? 촛불집회에는 마틴 루터 킹 목사 같은 중심인물이 없었다. 지도자 없이 시민들이 자발적으로 성숙한 집회를 만들어갔다. 촛불집회는 숫자의 힘, 돈의 힘, 권력의 힘이 아니라 '평화의 힘'이 정의를 만들어내는 진정한 힘이라는 진리를 가르쳐주었다. 권력과 돈과 숫자의 힘은 거짓된 힘이고 평화의 힘이 진정 정의로운 힘인 것을 증명해준 사건이 촛불집회였다. 정의로만 평화를 만들 수 있다고 믿던 우리에게, 평화로 정의를 만들 수 있다는 진리를 보여준 사건이다.

정의와 평화는 박해를 통해, 서로를 만들어내는 선순환의 관계인 것을 가르쳐준 사건이었다.

*

앞에서 말한 여덟 가지 명제는 하나를 꿰는 구슬들이다. 서로
서로가 불가분리의 관계를 맺고 있다. 아니, 하나이다. 실은 한
장의 그림이다. 따로 따로 분리된 명제들이 아니다. 그중 하나만
실천하면 나머지 일곱 가지를 다 하게 되어 있다. 하지만 인간의
생각은 한계가 있다. 그래서 나누어 표현할 수밖에 없었다.

'시골교사 41년', 전성은이 말한다

자녀교육이 왜 부모교육이어야 하는지를 이해하는 데
도움이 되리라 생각하여《오마이뉴스》의 2015년 인터뷰 기사를 싣는다.

학생이 왕이다,
학교를 탈출하라

전성은 선생(아래 직함 생략)은 이렇게 말한다.

"자녀교육은 부모가 죽어야 끝이 나는 거다."

30, 40대 부모는 학교 다니는 자녀를 걱정하고, 50대가 된 부모는 취직하고 결혼하는 자식을 걱정하고, 60, 70대가 된 부모는 사네 못 사네 하는 자식 걱정으로 또 한 시절을 보낸다. 자식이 먼저 가면 가슴에 묻고 사니 끝나지 않는 셈이다. 이쯤 되면, 자식은 부모의 운명이다. 그 운명을 어떻게 받아들일 것인가가 전성은 인터뷰의 출발점이다.

전성은. 1944년생. 인구 4만의 농촌도시 경남 거창에서 41년간

교육자로 살아왔다. 재단법인 거창고등학회 소속의 샛별초등학교, 샛별중학교, 거창고등학교에서 평교사와 교장으로 몸담았다. 그는 자신을 이렇게 소개한다.

"나는 그냥 시골학교 선생이오."

전성은에 관한 심층 인터뷰를 기획하게 된 계기는 《오마이뉴스》 10만인클럽 특강이었다. '자녀 교육'을 주제로 초대된 그의 강연은 질의응답으로 이뤄졌다. 묻고 답하기. "공부는 대화"라는 게 그의 수업 방식이었다. 학부모가 중심이 된 청중들은 단비를 맞는 듯했다. "정보가 소통의 전부인 현실에서 이런 자리가 열리니 말문이 트인다"는 반응. 특강의 취지는 자녀교육이었지만 결과적으로 부모교육이 이뤄진 자리였다. "자녀교육이란 없다"는 전성은의 교육철학이 통했다.

오로지 어린이가 왕이다

더 들어가고 싶었다. 흡사 전쟁터인 교육 현실. 감히 의문을 가져서도 안 되고, 따라잡기도 벅찬 상황이지만 '일단 멈추고' 묻고 싶었다. 40년 그의 교육 인생에게. 지난 5월말에서 6월초 일주일 동안 동행 취재하면서 들은 전성은의 답변은 낯설었다.

"교육은 사람을 바꾸는 게 아니다."

"해방 이후 교육정책은 단 한 번도 시행된 적이 없다."

"국사 교육을 강화해선 안 된다."

"교사직은 생계를 위한 수단으로 삼아선 안 된다."

…….

그의 역설에는 한 가지 일관된 철학이 깔려 있었다.

"학생이 왕이다."

교육의 주체는 오로지 학생이며 교사와 학부모, 교육청, 교육부는 모두 그 학생을 어떻게 섬길 것인가를 놓고 교육 방법·제도·정책을 짜야 한다는 이야기였다.

인터뷰를 요청하자 처음에는 거절 회신이 돌아왔다. 기자는 '현실'부터 시작하고 싶었지만 전 선생은 '답'으로부터 출발하고 싶어 했다. 왜 아니겠는가. 41년을 교사로 일하고, 나라의 교육 비전도 세워보고(2003~2005년 대통령 직속 교육혁신위원회 위원장-장관급 재직), 또 그 모든 경험과 이론을 갈무리해 네 권의 책으로도 내봤으니, 이 교육 원로로서는 눈앞에 답을 두고 헤매는 현실이 개탄스럽고 답답했을 것이다.

기자의 인터뷰 요청 이메일에 그가 보낸 답신은 이러했다.

"학교 교육의 문제를 푸는 길은 무엇인가에 대한 대답은 국가 권력으로부터 독립·해방이다. 이는 수천 년 동안 인류, 모든 시대, 모든 나라가 행해온 학교 교육의 문제. 우리나라의 학교 교육만 국가권력의 포로가 돼 있는 것은 아니다. 미국도, 일본도, 독일도, 핀란드도…. 세계의 모든 국가의 교육은 정도의 차이만 있지 국가 지배와 통제의 아래 있다. 인간이 참 자유를 찾으려면, 인류가 이데올로기의 포로 상태에서 해방되려면 학교의 '쇼생크 탈출'이 있어야 한다."

그렇다. 학교의 쇼생크 탈출. 그는 본질로 바로 들어가고 싶어 했다. 이 때문에 교육론, 즉 교육하는 행위의 본질이 무엇이냐에 관한 이야기는 길게 말하고 싶지 않다고 했다. 이유는 "너무 답답해서"라고.

"내가 하는 얘기들은 나만의 독창적인 견해가 아니다. 나도 교육학을 배우고 학교 교육을 하고 외국을 다니면서 공부해서 아는 것들이다. 그런데 그런 교육에 관한 기본도 합의가 안 돼 있는 걸 확인하는 게 참 갑갑하다. 매번 바닥부터 다시 얘기를 시작하려니…. '왜 학생이 주인이냐?' 그건 질문 자체가 성립이 안 된다. '학생이 주인이다'에서 출발해야 교육에 관해 말할 수 있다."

교육혁신위원회 활동 당시 에피소드. 혁신위에서 일하는 교육학 박사들과 학생들의 진로 교육에 관한 계획안을 짜야 했던 상황. 그런데 그 '박사님'들을 먼저 교육해야 했던 웃지 못할 상황을 전했다.

"'학생이 왕'이라는 전제를 철저히 이해해야 출발이 되는데 그게 안 됐다. 소위 교육자들도 '진로지도는 대학입시'라는 등식에 너무 익숙해진 거다. 자기 삶의 주인은 '나' 아닌가. 인간은 누구나 자기 재능으로 살게 돼 있다. 특히 교육이 권력의 들러리가 돼 있다 보니 학생이 왕이라는 점에 입각한 직업직능교육안을 짜기가 어려웠다."

너무 이상적인 것 아니냐고?

전성은의 '교육 불행 3부작'으로 꼽히는 책 세 권이 있다. 《왜 학교는 불행한가》, 《왜 교육은 인간을 불행하게 하는가》, 《왜 교육정책은 역사를 불행하게 하는가》(이재강 공저)가 차례로 나왔다. 그중에서 세 번째 책이 제일 팔리지 않았다. 그런데 전성은은 그 마지막 저서에 자신이 하고 싶은 얘기가 담겼다고 말한다.

어쩌겠는가. 그는 천상 교육자였다. 기자의 반복되는 요청에 그는 인터뷰에 응했다.

"눈높이를 맞추겠다."

자유롭게 질문하라는 회신에 기자는 안도했다. 미운 7살 아이를 키우는 어려움, 컴퓨터 게임에 빠진 아이에 대한 불안, 거짓말·도벽이 있는 아이에 대한 걱정……. 이 나라 엄마들의 평범한 질문을 안고 만날 수 있었다.

여섯 회에 걸친 전성은 인터뷰를 읽는 독자들에게 한 가지 전제할 것이 있다. 전성은은 교육운동을 하는 이론가와 교사들에게 왕왕 이런 지적을 받는다.

"동의는 하지만, 너무 이상적인 것 아닌가?"

이에 대한 전성은의 답은 간명하다.

"나는 거창에서 1만 명의 아이들을 만났다. 최소한 1만 종류의 인간을 만난 거다. 하지만 나는 1만 개의 색깔로 그들을 만나지 못했다. 부끄럽고 안타깝다. 이상과 현실은 동떨어진 게 아니다. 1만 명의 색깔로 다가서는 것을 목표로 할 때, 한 명에게라도 그의 색깔로 다가갈 수 있는 얘기다. 너무 이상적이라는 말은 있을 수 없다. 이상이 높고 클수록 현실을 조금이라도 이상 쪽으로 끌어올릴 수 있다고 생각한다. 지금은 이상이 너무 낮아서 문제다."

인터뷰 후반부에서 다루겠지만, 41년 교육 인생의 회고를 묻사 선성은은 이렇게 말했다.

"내 교육은 실패했어."

출발해보자.
전성은과 함께 찾아가는 학교 교육의 '쇼생크 탈출기.'

배웠다는 부모의 주특기
'무언의 압력'

"자기가 어떻게 하면 좋겠는지 자기 질문이 없다. 온통 아이를
어떻게 하면 되겠는지만 있다."

5월 29일 경기도 파주시 한 시민단체 주최로 열린 자녀교육
특강을 마친 뒤, 전성은은 혼잣말처럼 내뱉었다.

오전 10시, 30·40대 여성들이 빼곡히 자리를 채웠다. 남성은
두 명. 대부분 초·중등 학생을 둔 학부모들이다. "고등학생 엄마
가 여기에 와 있겠어요? 있다면 (입시를) 포기한 거지." 한 엄마
가 웃으면 말했다. 대학입시 부담이 상대적으로 적은 처지의 학
부모들이었지만 열기는 뜨거웠다.

중학생 아이를 둔 엄마다. 매사에 감사하는 아이로 키우고 싶다.

"어른들도 못하는 걸 아이한테 하겠다고? 엄마 욕심이 너무 심하다. 30, 40년 뒤에나 깨달을 문제를 중학생 아이에게? 아이가 신인가(웃음)."

장난감 사달라고 떼쓰는 아이를 어쩌면 좋을까.

"사줄 거면 처음부터 사주고 안 사줄 거면 끝까지 안 사줘야 한다. 아이가 조른다고 엄마의 태도가 바뀌면 아이는 귀신같이 안다. 어떻게 하면 엄마가 들어준다는 걸. 그럼 점점 더 어려워진다. 부모의 태도가 예스YES인지, 노우NO인지 일관돼야 한다."

딸아이가 학원 선생님께 함부로 말한다. 상황에 따라 자기를 조절하면 좋을 텐데……. 네 생각을 다 말하라고 가르쳤는데 잘못 키웠나 싶다.

"자기 생각을 말하는 건 좋은 것도 나쁜 것도 아니다. 조건 따라 다르다. 우리 학교에 도재원 선생이라는 분이 계셨다. 나와 함께 40년을 일해왔던 분이다. 그분은 말이 없고 속을 드러내는 법이 없다. 나는 반대였다. 도 선생은 학교 안의 일을 했고 나는 바깥일을 처리하면서 균형을 맞춰왔다. 구태여 고치려고 하지 말고 좋은 데 쓰게 하면 된다."

아이의 사회 적응을 위해 맷집을 키우려면 아무래도 공교육에 적응을 잘 해야 하지 않나.

"적응이 사전적 의미라면 절대 적응하면 안 된다. 따라 하거나 동조하거나 하지 말고 자기 삶을 살아야 하는 거다."

아버지 아들로 살기 힘드네요

요즘 아이들이……

"'요새 젊은것들은 버릇이 없다'는 얘기는 5000년 전 이집트에서 발견된 점토판에도 새겨진 말이다(웃음)."

담배 피우고, 애정 행각을 벌이는 청소년들을 그냥 두고 봐야 하나.

"요즘 아이들이 유난히 과감해서 그런 것 아니다. 하늘에서 떨어진 아이들 아니다. 더 빨리 더 많이 한다고 생각한다면 착각이다. 나 학교 다닐 때는 더 빨랐다. 학교는 완전 깡패의 소굴이었다(웃음). 초등학생도 담배 피웠다. 그냥 지나가는 게 낫다. 들켰으면 최소한 거기에선 안 한다. 근데 혼내면 다른 데 가서 더 한다. 건강상의 이유라면 어른들도 담배를 안 피워야 하는 것 아닌가. 근데 어른도 끊기 어렵다. 나는 내 딸들에게 담배 한 번에 딱 끊은 놈하고는 결혼하지 말라고 했다. 독한 놈이라고(웃음)."

아이가 축구를 좋아하는데 공 뺏는 걸 못한다.

"축구는 11명이 하는 일종의 공동체이다. 공을 뺏진 못해도 어시스트를 잘할 수 있는 것 아닌가. 각자 자기 재능으로 공이 골대를 향해 굴러가게 하면 된다."

아이가 10살이다. 어려서부터 책을 많이 읽혔다. 지성이 높아지고 배경지식이 많아 그런지 질문이 많다. 그래서 수업에 방해된다고 선생님이 뭐라고 하시더라. 선생님은 갑이고 학생은 을이니 그냥 받아들여야 하는 건가.

"아이가 독서에 취미가 있는 것 같은데 모르는 건 책에서 찾게 해라. 지식은 정답이 있는 게 아니다. 책과 놀게 해라."

아이가 교우관계를 힘들어한다. 반장인데 아이들과 어울리기가 어렵다고 엄마에게 도움을 요청한다. 그래서 내가 직접 그 아이들과 대화를 해보기도 했는데 해결이 안 된다.

"답은 쉬운데 실천이 어려운 방법이 있다. 아이들이 때리면 너도 때려라 하는 건 가장 쉽다. 안 때리고 가만히 있는 게 가장 어렵다. 나는 나의 아들에게 이렇게 가르쳤다. '너는 남자고 힘이 세지 않으냐. 손해 봐라, 양보하라'는 말을 귀가 따갑도록 해왔다. 원래 주는 게 받는 것보다 힘들다. 심각한 수준이면 교사와 의논해야 한다. 학생에 대한 정보를 몰라서 학교에서 대처를 못 하는 것일 수도 있다."

전성은은 최근 아들로부터 이런 말을 들었다. "아버지의 아들로 사는 게 힘드네요." 이에 대한 '아버지 전성은'의 답. "힘들다는 걸 보니 제대로 살고 있네(웃음)."

초등학교 때부터 성적에 집착 안 하고 맘껏 놀게 했다. 그런데 아이가 지금은 컴퓨터에 정신이 팔렸다. 친구도 없다. 어떻게 절제를 가르쳐야 할까.

"왜 정신이 팔렸다고 하나. 집중하는 거지. 집중이 얼마나 소중한데. 더 큰 걱정은 아무 데도 집중 못 하는 거다. 내버려두는 게 낫다. 결국 다 자기 길로 간다. 내 아들 얘기를 하겠다. 얘는 학교 다닐 때 축구하고 컴퓨터만 했다. 컴퓨터게임을 무척 좋아했다. 근데 한 번도 하지 말라는 소리를 안 했다. 걱정은 됐지. 아들 또래의 제자가 한 명 있었는데 둘이 친구였다. 그 아이는 정반대로 책만 읽었다. 그 외에는 손가락 까딱 안 해서 부모 걱정이 컸다. 그래서 어떻게 됐을까? 둘 다 대학에서 사진학을 전공했다. 아이가 장래 어떻게 될지는 모르는 거다. 다만, 간섭 안 하는 것과 포기는 다르다. 관심을 두고 지켜보는 거 무척 힘들다. 간섭하고 싶어 미치겠지. 간식 갖다 준다고 아이 방 들어가지만 사실 자나 안 자나 감시하고 싶은 거 아니냐(웃음). 아이가 다 안다. 부모가 자기를 믿는지 아닌지는."

초등학교 2학년, 4학년 아이를 둔 엄마다. 애들이 말을 너무 안 듣는다.
"심리적으로 독립이 시작된 거다. 기뻐하고 춤을 춰야 할 때 왜 화가 나나(웃음)."

"(육아) 교과서 얘기죠"라고 한 엄마가 불만스럽게 대꾸하자 사춘기에 관한 얘기가 좀 더 길어졌다.
"인간은 동물과 달라서 긴 시간 어미의 도움이 필요하다. 심리적으로 의존한 상태에서 독립하는 과정이 바로 사춘기다. 그 첫 번째 통과의례가 '미운 7살'이다. 아이는 '엄마는 왜 만날' 이러면

서 부모에게 처음으로 노우(no)를 해보는 거다. 그래도 괜찮다
고 느껴서다. 또, 이성이나 친구를 따라가도 엄마가 날 안 버린다
는 걸 확인하고 싶어 한다. 중고등학생 시절의 사춘기 때는 80,
90% 정서적으로 독립한다. 근데 그동안 부모에 의존해 살다가
독립하려니 심리적으로 불안하다. 그래서 부모를 대신해 보호받
고자 하는 연상의 이성을 쫓아가기도 한다. 총각 선생, 처녀 선생
을 흠모하고 누나뻘, 오빠뻘 상급생에게 빠지는 게 그런 이유다.
누구나 거친다. 그 과정이 생략되면 성인이 되어서 이성이나 부
부 관계에 어려움이 생길 가능성이 크다. 마마보이는 부모가 자
식을 독립시키지 않아서다. 그러니 아이가 노우(no)를 하면 만
세를 불러야 하는 게 당연하다. 우리 애가 정상적인 길을 가고 있
구나 하고. 하지만 부모 입장에선 사춘기를 지날 때 가장 힘들다
는 거 안다. 알면서도 아프다. '때려죽일 년, 대가리 피도 안 마른
놈이'란 욕이 절로 나온다. 우리 아들도 집을 나간 적이 있다. 고2
때 친구랑 도망쳤다. 기분이야 당장 다리몽둥이를 분질러버리고
싶었다. 물어보니 서울에 있는 대학들 구경 다녔다고 한다. '방학
때 가면 되잖아'라고 논리적으로 따져서 야단칠 수도 있지만 안
먹힌다. 교육은 공식이 아니고 논리가 아니다. 그냥 믿는 거다."

엄마들도 자기한테 질문 해봤으면 좋겠다.

'그렇다면, 어떻게 믿어야 하느냐'는 질문이 더해졌다.

"잘 들어 주면 된다. 상대를 고치려는 것이 아니라 듣는 것, 참 힘들다. '이 자식아, 그러면 너만 손해야', '그러면 네 밥도 못 챙겨 먹어'라는 소리가 바로 나오지. 아이가 하는 열 마디 말 중에 아홉 마디 듣는 과정에 교감이 생긴다. '아 그래서 그랬구나!' 하면서 지혜로운 한 마디가 나오는 것이다. 기다릴 수 있어야 한다. '당신은 당신이 생각하는 당신보다 훨씬 아름답다'는 믿음이 있지 않으면 기다리기 어렵다. 바로 명령, 훈계가 나오지. 부모가 가하는 압력 중에 가장 무서운 게 무언의 압력이다. 무언의 압력은 불신이다. 그래서 아이 입장에서는 제일 싫고 두려운 심리적 압박이 된다. 제일 나쁜 태도다. 지식인 부모들, 많이 배운 부모들이 주로 그런다. 내 아들이 집 나갔을 때 나도 비로소 내 아버지의 심정을 이해했다. 나는 고3 때 집을 나갔다. 그렇게 부모도 철이 드는 거다. 부모와 자식이 함께 성숙해가는 과정이 교육이다. 근데 부모는 나아질 생각은 안 하고 애만 성숙시키려고 하니……."

거짓말 하는 아이에 대한 걱정이 나오자 전성은은 자신의 경험담을 얘기했다.

"둘째가 유치원에 다니고 셋째는 말도 제대로 못 하는 나이였을 때다. 내가 대구에 일 보러 갔다가 헤어드라이어를 하나 사 왔는데 집에 갔다 두면서 '위험하니까 갖고 놀면 안 된다'라고 주지시켰다. 오후에 집에 들어가보니 헤어드라이어 상자가 뜯어져 있었다. 묻지도 않았는데 둘째가 '○○이가 그랬다'며 동생을 지목했다. 셋째는 말을 못하니 눈만 멀뚱멀뚱 뜨고 있더라. 둘째는 야단맞을까봐 두려워 불안해하는 게 느껴졌다. 아무 말도 하지 않았다. 그냥 둘째를 안아주었다. 그러자 스스로 실토하더라. 거짓말했다고. 거짓말쟁이로 태어나는 아이는 없다. 자기가 잘못한 것에 대한 두려움 때문에 거짓말을 하는 거다. 일종의 보호본능이다. 그렇게 부모의 '끌어안음'으로 두려움이 풀려나가면 아이는 알게 된다. 사실대로 말하는 것이 더 좋다는 것을. 그렇게 두려움을 응시할 힘이 생기면 거짓말이 아닌 정면 돌파의 길을 선택하는 사람으로 성장하는 것이다. 사랑은 끌어안음이다."

예정된 2시간으로는 부족했다. 전성은은 부모들에게 '숙제'를 내줬다.

"엄마들이 하루에 10분 정도는 자기한테 질문을 해봤으면 좋겠다. 어떤 사회적 기준에 자기를 묶어 두고 하는 질문은 자기 게 아니다. 그러니 부모가 아이를 자기 '꼬붕'으로 여기고 자기 꿈을 대신 이뤄줄 대상으로 온갖 짐을 다 지우는 거다."

과제물 주제: '나는 어떤 주인을 모시고 사는가?'

전성은은 자식을 잘 키우고 싶은 부모라면 자신에게 이 질문부터 먼저 던져봐야 한다고 말한다. 나를 지배하는 주인이 명예

인지, 재물인지, 권력인지…… 아니면 사랑인지. 그렇게 부모가
자기 가치관에 대한 질문을 던지고 답을 찾는 과정에서 자녀교
육도 이뤄진다는 얘기였다.

"부모가 그 정도 노력은 해야 하지 않나. □꼴 부모 밑에서 ○꼴
아이가 나오지 않는다."

"우린 안 하는 걸 잘한다",
놀면서 성공한 학교

직설로 물었다. 거창고등학교가 '입시'와 '인성'이라는 두 마리 토끼를 잡을 수 있었던 비결이 뭔지. 물으면서도 조금 걸렸다. 너무 속 보이는 질문 같아서. 허나 어쩌랴. 공부도 잘하고 인성도 좋은 아이로 키우고 싶은 게 부모들의 한결같은 바람인걸.

전성은 선생은 껄껄 웃는다. "잡으려고 하지 않았고, 잡았다고 생각하지 않으며, 잡히지도 않았다." 선문답이 돌아왔다. 헉!

찬찬히 따라가 보자. 1953년 개교한 거창고가 전국적인 유명세를 치렀던 계기부터. 1995년 2월 청와대에서 김영삼 대통령 주재로 농정개혁회의가 열렸다. 국무총리를 비롯해 장관들이 배석한 자리에서 대통령은 거창고 교장을 일으켜 세워 이례적으로 칭찬했다.

"시골에 있는 작은 학교인 거창고등학교가 전국적으로 알려
져 한국을 대표할 만한 학교가 되었습니다. 그동안 고생이 많았
을 텐데 애로점이 무엇이었는지 말씀하세요."

당시 거창고 교장 도재원은 교육정책과 교육 관료를 정면으로
비판해 참석자들을 놀라게 했다. 이 내용은 그날 저녁 방송 3사
저녁 뉴스에 일제히 보도됐다. 당시를 떠올리며 전성은은 씁쓸
해한다. "우린 그 값을 톡톡히 치렀다."

신입생 정원이 240여 명(4개 학급, 현재는 120명)에 불과한 학
교에 전국에서 학생들이 몰려들기 시작했다. 서울의 학부형들이
입학원서를 내기 위해 단체로 버스를 타고 오는 진풍경까지 펼
쳐졌다. 많을 때는 전국 100개가 넘는 중학교에서 거창고에 왔
다. 외국에 사는 교포가 아이를 거창고로 역유학을 보내는 경우
도 적지 않았다.

그러다 보니 같은 재단의 샛별중학교 학생들이나 "흙 속에서
자란 보석 같은 거창의 시골아이들이 입학할 기회가 줄어들었
다"는 게 한편에서의 안타까움이다. 이처럼 도시 역전 현상이 일
어나자 교육청에 요청해 광역시 출신을 22%로 제한하고 거창군
출신을 13% 뽑는 조치를 취했다.

전성은은 김영삼 정부의 교육혁신 정책과 맞물려 모델이 필요했던 차, 바람을 탔다고 풀이했다. "교실에는 보일러가 돌아가는데 교무실에는 난로도 없더라"는 것까지 뉴스감이 될 정도였다. "선생이 열심히 가르치고 학생이 열심히 공부하는 게 무슨 뉴스거리냐"며 교사들은 불편해했지만 흐름은 거셌다. 부작용도 만만치 않았다. 여학생 정원이 왜 적으냐며 여성부에 고발하는 학부모도 있었고, 언론에 보도된 내용과 다르다며 위선이라고 질타하는 목소리도 들렸다.

거창고의 대학 진학률은 높았다. 대학 예비고사 시절 4년제 진학률은 90%가 넘었고, 전국 일반고등학교 중에서 수능 성적은 4위에 달했고(2013년). 또 SKY(서울대, 연세대, 고려대) 진학자수가 정원의 30%를 넘기도 했다. "시골학교가 대학합격률 최고의 명문고로 등장했다"는 언론 보도가 빈번했다. 사실 입시에 '성공'의 잣대를 둔다면 그런 학교는 거창고만은 아니다. 문제는 그 방법이었다. 거창고는 자율에 기반을 둔 인성교육과 그 인성의 힘으로 성적이라는 결과를 낳았다.

잘 놀려야 공부도 잘한다

거창고는 내내 축제로 가득하다. 3월 입학하고 나면 4월 말 개교기념일을 즈음해 예술제가 열린다. 매년 4월 마지막 주 목, 금, 토

3일 동안 학업을 전폐하고 열리는 학생 주도의 최대 축제다. 월, 화, 수 3일 동안 축구 예선전이 열리고 그에 앞서 반별 준비는 몇 주 전부터 시작된다. 전국의 고등학생들이 바짝 긴장하고 학업에 매진할 학기 초, 거창고의 이 여유는 어디에서 비롯된 것일까?

예술제는 예산 편성부터 기획, 진행, 심판, 감독 모두를 학생이 주도한다. 학생회가 각반 대표들의 의견을 수렴해 그해의 예술제 계획을 세우면, 학생지도부 교사들이 검토해 수정할 일이 있으면 수정해 다시 학생회로 넘긴다. 매년 학생들은 종목 수를 늘리려는 경향이 있고 교사회는 줄이려고 한다. 이렇게 계획안이 학생회와 교사회를 몇 차례 왔다 갔다 하지만 최종결정권은 학생회가 가진다.

"처음에는 욕심은 많고, 진행은 서툴다 보니 3일 안에 끝나지 않은 적도 있고 밤 10시에 행사가 끝나기도 했다. 그러든 말든 학생들이 요청하기 전에는 교사가 관여하지 않는다. 서툴고 수준은 낮지만 엄청 재밌다. 아이들 스스로 기획, 집행, 평가하는 데서 오는 기쁨은 어른들의 상상을 초월한다."

축구, 농구 같은 각종 구기 종목, 단축마라톤 같은 육상경기, 씨름, 제기차기 같은 전통놀이, 총 30여 종목이 치러진다. 못하든 잘하든, 관심이 있든 없든 학생은 반드시 한 종목에 출전해야 한다. 난생처음 배구공, 축구공을 차보는 아이들이 수두룩하다. 시화전, 사진전도 열린다.

예술제가 끝나면 6월엔 소풍을 떠난다. 인근 지리산이나 덕유산으로 1박 2일 야영. 9월엔 연극과 합창제가 열린다. 또 겨울엔 바자회를 열어 생필품과 음식을 팔아 모은 수익금을 불우이웃을 돕는 데 쓴다. 어찌 보면 단순하다. 시험 한 번 치고 놀고, 시험 한 번 치고 또 놀고를 연중 반복하는 셈이다. 25년 이상 고3 담임을 해온 한 교사는 이렇게 말한다.

"인성 교육? 아무것도 아니다. 잘 놀려야 공부도 잘한다. 놀이와 공부를 반복하면서 목적과 수단을 일치시키려고 노력할 뿐이다."

거창고에선 예술제를 정규교육 과정에 편성하고 싶었지만 교육청의 승인을 받지 못했다. 아이들은 공부하는 틈틈이 예술제를 준비한다. "맘껏 공부하고 틈틈이 놀자"가 거창고의 정신이라는 전성은의 말이 이해되는 순간이다. (참고로, 거창고와 같은 재단인 샛별초등학교는 '맘껏 놀자', 샛별중학교는 '맘껏 놀고 틈틈이 공부하자'가 교훈 역할을 한다.)

뭐니 뭐니 해도 거창고의 으뜸가는 놀이는 토끼몰이다. 함박눈이 처음 내리는 날, 아이들은 수업 중이라도 "운동장에 모여라"는 교내방송이 나오면 일제히 함성을 지르며 뛰어나온다. 토끼를 잡든, 잡지 못하든 상관없다. 교사와 학생이 한데 뒤엉켜 600미터 정상의 학교 뒷산을 오르며 첫눈의 가슴뜀을 발산한다.

"우리는 안 하는 걸 잘한다."

'두 마리 토끼'를 다시 묻는 기자에게 전성은은 다시 우문현답인듯 이렇게 답한다.

거창고에 없는 세 가지.

첫째. 교문, 문패, 담이 없다. 정문이라 식별할 수 있는 것은 "이곳은 학교 정문이오니 주차를 삼가해 주시기 바랍니다"라는 주차안내판이 전부. "오히려 담이나 문패로 구별 지으면 학교가 특수한 곳으로 인식되어 학생들과 주민들 사이에 거리감이 생기고 학생들도 학교에 구속감을 느끼게 된다"는 게 이 학교 교사들의 생각이다.

둘째, 교실 안을 들여다보기 어렵다. 복도 쪽으로 난 창문이 유난히 높아 교실 안 풍경을 들여다볼 수 없다. '거창고의 뿌리'라는 창업자 전영창 교장의 뜻이 담겨 있는 건축이다. 장학사든, 교장이든 돌아다니면서 교실 안을 '감시'하지 못하도록 부러 그렇게 지었다고 한다.

셋째, 학원 수업을 안 받는다. 대신 아이들은 자율학습을 한다. 밤 10, 11시까지 교실과 도서관에는 불이 꺼지지 않는다. 감독하는 교사도 없고 자율학습에 남지 않는다고 꾸중하는 교사도 없다. 무얼 공부하든 상관없다. 다음 날 실습과제물을 만드는 아이도 있고, 수학과 씨름하며 책장을 넘기는 아이도 있다. 책걸상을 아예 복도로 가져 나와 홀로 집중하는 아이도 눈에 띈다. "이래도 되니?"라고 묻자 "다 하고 제자리에 갖다 놓으면 된다"며 대수롭지 않다는 반응이다.

경쟁과 시합은 다르다

3학년 4반 강○○ 학생에게 물었다. 학원을 다니지 않아서 불안하지 않느냐고. "우리 학교 샘(선생님)들이 학원보다 더 잘 가르치는데요?"라고 도리어 반문한다.

"다른 학교 다니는 친구들하고 얘기 나누다 보면 제가 행복한 것 같아요. 다른 데는 아무래도 억압적이고 경쟁이 심하죠. 우리 학교도 경쟁은 있지만 심하진 않고 자유로워요. 그리고 샘들이 공부하게끔 만들어주십니다. 실컷 놀았고, 이제 공부해야지 싶어서 저도 하는 거거든요."

거창고에도 경쟁은 있다. 다만 방법이 다르다. 가령 '수준별 이

동학습'을 한다. 개교와 함께 시작된 전통적인 진학지도 방식이다. 영어, 수학 과목의 경우 3개 또는 2개 반으로 능력별 반편성을 해 수업한다. 몇 차례의 시험을 거쳐 반편성을 하지만 학생의 희망이나 교사의 의견에 따라 바꾸기도 한다. 교사는 '인격은 똑같이 존엄하지만 타고난 능력 분야는 각기 다르다'는 것을 먼저 아이들에게 이해시킨다. 또 아이들은 이러한 수업방식이 학업 향상에 도움이 된다는 걸 경험을 통해 알고 있다.

전성은은 "차별이라는 외부의 시선을 감수하더라도 실질적으로 아이들에게 도움이 되기 때문에 유지하고 있다. 논란을 피하려고 '눈높이' 교육을 포기할 순 없다"고 말한다. 그는 '경쟁'과 '시합'은 다르다고 덧붙인다.

"내가 즐겨보는 TV 방송프로그램이 있다. 우리말 실력을 높이기 위해 우리말 달인을 뽑는 프로그램인데 그건 시합이다. 그 시합에서 누구는 이기고 누구는 지기도 한다. 하지만 출연한 사람 모두가 우리말 실력이 좋아진다. 시청자도 우리말 실력이 쑥쑥 자란다. 경쟁이 아닌 시합이기 때문이다. 하지만 경쟁은 승자가 이득을 독차지한다. '네가 죽어야 내가 산다'는 식이다. 대통령 선거에서도 2등 후보를 지지한 48%의 국민은 완전히 제로(0)가 되지 않나. 국가는 여당의 것도 아니고, 52% 국민만을 위해 존재하는 것도 아니다. 52%에 속하든, 48%에 속하든 주권은 동일하게 주어진다."

최근 들어 도시 부모들이 주말에 학생을 데려가 '족집게 과외'를 시키는 경우도 종종 있지만, 끌려가는 아이를 안타깝게 바라볼 뿐 제지하지는 않는다. "어떤 형식을 정해놓고 교육적으로 된다, 안 된다고 하지 않는다"는 게 이 학교의 상식이다.

과외를 받진 않지만 과외 선생이 되기는 한다. 거창고 학생들은 오후 수업이 끝나고 저녁 식사 전까지 1시간가량, 이웃한 샛별중학교 동생들을 개인지도 한다. 이 역시 희망자에 한해서다. 방과 후 중학교 교실, 복도에는 그렇게 둘, 셋씩 짝지어진 '거고 멘토링' 풍경이 펼쳐진다.

"교과서, 커리큘럼, 학생선발권 등 모두 교육부, 교육청이 전권을 쥐고 있는 상황에서 일선 학교가 할 수 있는 건 거의 없다. 우리가 제도 안에서 다른 걸 한 게 없다. 있다면 '자율'이라는 방법을 쓴 것이다. 능력도 효율도 예술성도 자율로 길러지고, 자율만이 윤리적, 인격적 힘을 기를 기회를 제공한다. 전통적으로 거창고는 무감독 시험이었다. 사전도 볼 수 있고 또 교실 밖에서도 쓸 수 있었다(※내신제가 생기면서 지금은 법적으로 할 수 없게 됐다). 물론 커닝하는 아이도 있고 베껴 쓰는 아이도 있다. 하지만 볼 수도 있고, 보지 않을 수도 있는 결정권을 줬을 때 스스로 판단하고 자기 결정에 책임지는 힘이 생긴다. 그 힘이 인격을 형성하는 것이다. 볼 수 있는 걸 막아놓은 상태에서 보지 않는 힘은 길러질 수 없다."

정치권력에 맞서다
세 차례 폐교 위기에 처하기도

거창고는 사립학교다. 재단법인 거창고등학회가 운영한다. 이 재단의 학교 운영방식을 살펴볼 필요가 있다. 법적 주인인 이사회는 자신들이 세운 교육이념과 교육목적을 잘 구현할 수 있다고 생각하는 사람을 교장으로 임명한다. 그 교장은 학교운영에 관한 전권을 가진다. 이사회는 교사 채용도 교장에게 일임한다.

교사들의 교무회의는 학사일정, 학급운영, 교과서선택, 교수방식, 평가, 학생지도 등 교육행위에 대한 자율권을 가진다. 학생회는? 앞서 소개한 예술제, 운동회, 소풍 등 학생들이 주관하는 교육활동의 결정권을 가진다. 한마디로, 이사회가 교장에게 학교 운영의 자율권을, 교장이 교사에게 교육기획의 자율권을, 교사가 학생에게 교육행사의 자율권을 주는 체제다.

형식이 거저 내용을 보장한 것은 아니었다. 부단한 60년의 역사가 있었다. 아무도 가지 않던 길을 먼저 가는 고난을 감수했다. 지금은 상식이 된 봄방학을 도입하자 "너무 노는 것 아니냐"는 시선을 감당해야 했고, 학도호국단이 있을 때도 학생회장을 직선으로 뽑고, 교복 자율화가 있기 전 교복, 교모를 폐지하는 선택에는 가시밭길이 뒤따랐다.

특히 정치권력에 맞서다 세 차례 폐교 위기에 처하기도 했다. 박정희 정권 시설에는 '교장실에 대통령 사진을 걸라'는 지시를 거부한 적이 있고, 3선 개헌 반대 데모에 나선 거창고 학생들을 처벌하라는 교육 당국의 지시를 거부하자 교장이 파면당하기도 했다. 1980년 광주민주항쟁 때는 "국가가 국민에게 거짓말을 할 때 학교는 학생들에게 진실을 알려야 한다"는 길을 선택했다.

'전성은 교장' 시절에도 학교는 여러 차례 문 닫을 위기에 처했다. 부임한 지 얼마 되지 않아 전두환 정권이 들어섰다. 사회 정화의 명목으로 인권 유린의 수단이 되었던 삼청교육대는 일반 고등학교에까지 영향을 미쳤다. 교육청을 통해 재교육시킬 문제 학생을 보내라는 압력이 들어왔지만 "'앉아, 일어서' 같은 훈련과 기합으로는 학생을 변화시키지 못한다"며 끝까지 버텼다.

전성은은 이 모든 게 교육목표를 지키기 위한 노력이었다고 회고한다. 거창고등학교의 교육 목표?

'기독교 신앙을 바탕으로 한 민주시민을 양성한다'

교사의 인권?
학생 앞에서 그런 건 없다

'사제동행'이라는 말이 거창고에선 죽은 말이 아니었다.
"학생들 앞에서 교사의 인권은 없다"는 말과,
"아이들이 교사의 손바닥 안에 있다"는 말이,
공존할 수 있는 곳이 바로 여기다.

현재 거창고 전교생 360여 명 중 90% 이상이 기숙사 생활을
한다. 기숙사는 아이들의 인성이 자라는 교실의 연장이다. 그래
서 이름도 생활관이다.

"도시 아이들이 적응을 어려워한다. 김치도 못 먹고 청소도 할
줄 모르고 텃밭에서 삽자루도 처음 쥐어본 아이들이다. 처음엔
양말이라도 없어지면 훔쳐갔다고 울고불고 교사에게 이르고 난

리를 치지만 '형제끼리는 동생이 언니 예쁜 옷 먼저 꺼내 입고 그러지 않냐'라는 식으로 서로 적응해간다. 내 아들도 이 학교 졸업생인데 사택을 코앞에 두고도 입학 한 달 만에 기숙사를 선택했다."

학교도 과거엔 24시간 개방이었다(2000년대 들어 캡스 설치가 전국 학교에 일반화되면서, 그 전통을 유지할 수 없게 되었다). 자취생이나 집에 공부방이 없는 학생들이 언제든지 들어와 공부할 수 있도록 배려한 것. 그렇게 학생들이 학교에 사니, 교사들도 학교를 벗어나기 어렵다. 밤에도 교사들이 학교에 나와 있다. 교사들의 집도 대부분 학교에서 10분 거리에 있다. 주말에도 아이들이 학교에 있으니 학교에 나오는 교사들이 있다. 강제가 아니다. 그냥 자연스럽다.

"학생들이 있는 곳에 교사가 있어야 한다. 교사들의 초과근무 수당이 없었을 시절부터 교사들은 야간·휴일 근무를 했다. 그렇게 하지 않으면 우리 학교에서 버티질 못했다. 교사들에겐 학생들이 자기가 원하는 대학을 갈 수 있도록 필사적으로 가르쳐야 할 의무가 있다. 법정 시간보다 수업을 더 많이 한다. 다른 학교에 비해 3~4시간 많다. 교감, 교장도 수업했다. 그런 교사들의 헌신적인 노력이 거창고를 만들었다."

학생들 앞에서 교사의 인권은 없다

'가정방문'의 전통도 아직 살아 있다. 거창고등학교의 경우 도시 입학생들이 많아지면서 '학부모 면담'으로 바뀌었지만 같은 재단의 샛별초등학교와 샛별중학교는 지금도 해마다 거르지 않고 가정방문이 이뤄진다. 몇 날 몇 시가 좋은지 사전에 약속을 잡고 "차 외에는 내놓지 마라"는 주의사항이 담긴 가정통신문이 미리 각 가정으로 배달된다.

"사는 형편을 보게 되니, 가정방문이 끝난 뒤에는 아이들이 다시 보인다. 조부모 밑에서 공부하는 아이, 장애를 지닌 부모, 살림살이, 경제 형편…, 그런 게 다 보이니 학교에 나오는 것만도 다행이다 싶어 고마운 것이다."

가정방문이 모두 끝나면 가정방문협의회를 열어 교사들이 밤 늦도록 회의를 한다. 아이들 상황을 다른 교사와도 공유한다. 담임만 알아서는 학생을 제대로 보호하고 도울 수 없기 때문이다.

교사들이 학생들의 이름을 다 알고 집안 형편까지 꿰고 있는 이유는 그래서다. 상반기에는 가정방문이나 면담을 통해 주로 학생 편의 얘기를 들었다면, 하반기에는 상담을 통해 학교 측 얘기가 전달된다. 이때 교사는 적극적으로 아이의 상황에 개입한다. "교사가 아이들 문제 속에 깊이 개입하지 않으면 진정으로 아이를 책임질 수 없다"는 신념이 깔렸다.

수업은 전적으로 교사에게 맡겨진다. 교장이나 교감은 교과 수업에 일절 간섭하지 않는다.

이러한 학교의 믿음에 교사는 최선을 다한 가르침으로 답한다. 똑같은 50분 수업인데도 이 학교의 수업 강도와 질이 높은 이유는 바로 이 때문이다. 거창고에서 종교 수업을 담당했던 한 교사의 말이다.

"종교는 강을 건너기 위한 수단이다. 인간이 인간이 되기 위한 과정이라고 가르쳤다. 인간이 신이 되어선 안 되지만 동물이 되어서도 안 된다. 비틀거리는 인간에게 종교는 지팡이다. 또 기독교에만 구원이 있다고 가르치지 않았다. 그럼 비기독교인은 다 지옥 가란 말이냐. 학생 중에 기독교도가 있는데 통성기도 하지 말라고 했다. 여기는 학교지 교회가 아니지 않나."

밖에선 '이단이냐'는 비난이 들렸지만, 이 교사는 한 번도 교장 (전성은)으로부터 제지를 받아본 적 없다고 한다. 반면, "교사가 수업에 최선을 다하지 않는다"고 판단되는 경우엔 단호하다.

"내가 교장으로 있을 때였다. 바둑을 잘 두는 수학 교사가 있었다. 새벽에 집에 귀가할 정도로 바둑에 취미가 있었는데, 그 선생이 많은 반의 수학 성적이 떨어지는 걸 확인했다. 교장실에 불러 단도직입적으로 말했다. '사표 내라. 교육청에 날 고소해도 좋다.' 이 선생도 인정하고 울면서 사과하더라. '너무 빠져서 본업을 놓치지 말라'고 충고하고 마무리됐다. 그 교사가 이번 학기 가을에 교장에 취임한다(웃음).

어린이가 왕이다. 아이들은 교사들의 밥벌이 대상이 아니다. 교사의 인권은 외부의 간섭으로부터 지켜지는 것이지 학생 앞에서 교사의 인권은 없다고 나는 생각한다."

학교 교육에 있어 학부모의 역할에 대해서도 선을 긋는다. '교육전문가=교사'라는 인식이 확고하다.

"산부인과에서 아이를 낳는다고 치자. 산과 의사가 아이를 받아야지 안과 의사가 받는 게 말이 되나. 보호자가 처방하고 수술하고 의사 역할을 대신할 순 없는 거 아닌가. 다만, '증상'에 대해선 말할 수 있다. 교사가 아이를 잘 가르치도록 돕기 위해서다."

자기 선생이 최고인 줄 아는 아이들

직업 선택의 10가지 기준

현재 거창고의 강당 뒤편에는 오래된 액자 하나가 걸려 있다. '직업 선택의 십계'. 전영창 교장이 세상을 떠난 후 그의 철학을 전성은 선생과 동료 교사 도재원이 정리한 것이다. 거창고 졸업생, 재학생 사이에선 '거고 십계'로 통한다.《거창고 아이들의 직업을 찾는 위대한 질문》이라는 책으로 출판되기도 했다.

하나, 월급이 적은 쪽을 택하라.

둘, 내가 원하는 것이 아니라 나를 필요로 하는 곳을 택하라.

셋, 승진 기회가 거의 없는 곳을 택하라

넷, 모든 조건이 갖춰진 곳을 피하고 처음부터 시작해야 하는 황무지를 택하라.

다섯, 앞을 다투어 모여드는 곳은 절대 가지마라. 아무도 가지 않는 곳으로 가라.

여섯, 장래성이 전혀 없다고 생각되는 곳으로 가라.

일곱, 사회적 존경 같은 건 바라볼 수 없는 곳으로 가라.

여덟, 한가운데가 아니라 가장자리로 가라.

아홉, 부모나 아내나 약혼자가 결사반대하는 곳이면 틀림없다. 의심치 말고 가라.

열, 왕관이 아니라 단두대가 기다리고 있는 곳으로 가라.

거창고의 교사-학생 간 신뢰의 수준은 상당하다. 교사들의 자녀가 같은 학교에 다니는 경우가 왕왕 있는데, 그렇다고 해서 영어 교사가 내는 시험문제, 수학 교사가 내는 시험문제를 의심하거나 출제자 교체를 요구한 일이 단 한 번도 없었다고 한다.

전국에서 자기 선생들이 최고인 줄 아는 아이들. 월급 많이 주는 직장에 갈 수 있는 실력의 교사들이 거창고에 왔다는 걸 아이들도 안다.

현재 거창고 교장인 박치용 선생은 거창고 출신. 카이스트에 입학했다가 모교에 수학 선생이 없다는 소식을 듣고 대학졸업을 접고 다시 지방대 수학과에 편입해 교사자격증을 땄다. 모교의 교사로 돌아오기 위해서다.

이런 교사들이 꽤 많다. 거창고등학교 25명 교사 중 절반 이상이 모교 출신이다. 그도 그럴 것이 사생활도 없고, 학생과 교사의 경계가 허물어진 교육 현장을 감당해낼 사람이 어디 흔하겠나.

거창고의 교사 채용은 '교사 모집 작전'이라고 불릴 만큼 그 역사가 치열하다. 1960, 1970년대에도 세칭 유명 신문사에 광고를 냈고, 경남 거창까지 면접 보러올 사람이 없으니 서울로 교장이 올라가 교회를 빌려, 때로는 다방이나 때로는 여관방을 빌려 면접장을 대신하곤 했다.

이것으로 끝이 아니었다. 부임 인사를 하고 근무를 하는 교사 중에, 2~3일 뒤에 말도 없이 사라지는 교사도 있고, 부임 인사조차 안 하고 떠나는 교사도 있었다. 실력 있는 교사를 박봉의 이 시골학교에 모시기란, 여간해선 불가능한 일이었던 것이다.

거창고가 '명문학교'라는 이름을 얻은 뒤에도 교사 수급은 여전히 쉽지 않다. 지식 전달에 있어 최고여야 하는 것은 물론, 인격까지 갖춰야 하니 당연하겠다 싶다. 인격을 어떻게 따지나 물으니 답은 의외로 간단하다.

"손해 보는 길을 가는 사람인가를 본다."

이 대목에서 '전영창'(1917~1976)이라는 인물을 빼놓을 수 없다. 그는 한국전쟁 직후 폐교 위기의 학교를 인수해 오늘날의 거창고를 있게 한 장본인. 거창고의 3대 교장이지만 사실상 창업자로 통한다. 교사들이 하나같이 "그분의 열매를 따 먹고 있다"라고 말하는 인물이다.

전영창은 국내 최초 미국 유학생이다. 국내로 돌아올 당시, 대학의 부학장직이 예정돼 있었으나 이를 마다하고 '벽지 교육'의 뜻을 세워 1956년 빚을 떠안고 거창고를 인수했다. 취임식에 참석한 학생은 8명. 자진해서 월급을 반으로 줄이겠다는 교사들과 함께 대한민국 전인교육의 기틀을 마련해 가기 시작했다.

전성은의 아버지가 바로 전영창이다. 전 선생이 평생 교직에 있으면서 머릿속에서 떠나지 않았던 아버지와의 일화를 소개했다. 1976년 봄, 예술제가 한창이던 때다. 역사 이래 학생 수가 제일 많았던(780명) 절정의 거창고. 운동장을 꽉 채운 열기와 함성

속, 노老 교장(전영창)은 옆에서 같이 앉아 구경하던 아들(전성은)의 손을 꼭 쥐며 불쑥 이런 한마디를 내뱉었다.

"내 교육은 실패했어."
"왜 실패했다고 생각하세요?"
"○○도 돌아오지 않았지, □□도 돌아오지 않았지, △△와 ▽▽는 왔다가 가버렸지……."

교육은 길을 가르쳐 주는 게 아니다

전영창은 대한민국 최고의 대학에서, 제일 인기 많은 학과를 나온 졸업생들의 이름을 열거하며 "떠나버렸지……"라고 말끝을 흐렸다. 그리고 한 달 뒤, 전영창은 숨을 거뒀다. 아버지의 그 '한 말씀'이 40년 동안 교육이란 무엇인가를 고민하게 만들었다고 전성은은 고백한다.

"아버지가 실패했다고 말한 교육은, 자기와 같은 길을 가리라 기대했던 졸업생들이 자기가 걸어온 길을 함께 걷지 않았음을 뜻하는 게 분명했다. ……하지만 세월이 흘러 아버지의 나이(60세)가 되었을 때 나는 깨달았다. 자신의 기대를 저버린 제자들에 대한 실망이나 서운함이 아니라, 그것은 스스로의 어리석음을 자탄하는 말이었다. ……교육은 타인을 변화시키는 일이 아니다. 타인의 인격을 변화시키려고 해서는 안 된다. 평생을 타인과 제자들을 변화시키려고 노력했던 자신의 어리석음을 고백하는 독백이라는 생각이 불현듯 들었다."

아버지의 '실패'에서 비롯된 전성은의 교육론은 이렇게 정리된다.

"교육은 길 감이다. 길을 가르쳐 주는 것이 아니라 길 보여줌이다. 길은 가르쳐 주는 것이 아니라 내가 내 길을 가면서 보여주는 것이다. 따라올지 말지는 상대방이 선택할 몫이다. 남의 인생을 내가 결정하려고 해서는 안 된다. 그것은 그 사람에게 맡겨야 한다. 내가 결정지어 주려고 하는 것은 이데올로기다. 이데올로기의 전수다. 이데올로기는 아무리 좋은 가치를 지향한다고 해도 사람을 죽인다."(《왜 교육은 인간을 불행하게 하는가》 중에서)

노무현 질문에 답했다,
국사교육 강화 안 된다고

전성은은 자신의 교직 생활 41년을 갈무리하며 "제도 안에서 달리한 것은 없다. 달리할 수도 없었다"고 말했다. 그렇다. 교과서, 커리큘럼, 학생선발, 학교평가, 감사 등 교육부와 교육청이 틀어쥐고 있는 상황. 다만 그런 조건에서 거창고의 실험이 여지를 만들어낸 것은 교사의 헌신과 신념이었지만, 그렇다고 그가 제도 순응론자는 아니다. 과격하다 싶을 정도로 근본적이다. '국가'를 지목한다.

"미국 정책학의 창시자로 꼽히는 하롤드 라스웰은 정책이란 '사회에서 우리가 직면하게 되는 근본적인 문제를 해결하는 일'이라고 했다. 그런 점에서 나는 자본이 전 지구를 식민화한 오늘날 인류 보편의 문제는 평화라고 본다. 한해 환차익을 노린 투기

성 외환 거래액이 4조5천억 달러였다고 한다. (2007년) 같은 해 무역 총액의 86배다. 도박으로 돈을 버는 게 당연시되는 시대다. 평화는 단지 전쟁이 없는 상태가 아니다. 다수의 희생 위에서 소수에게 권력과 부를 집중시키는 세상은 평화로운 세상이 아니다. 모든 사람이 피부색, 신체적 장애 유무, 지역, 종교, 사상은 물론 인종, 민족, 국가, 문화를 넘어 평등하게 사람의 기본적인 권리를 누리고, 더 나은 삶과 세상에 대한 꿈을 추구하는 자유를 누림으로써, 삶의 기쁨과 신비를 맛보며 살아갈 수 있는 세상이 평화로운 세상, 공동선이 살아 있는 세상이다. 따라서 학교 교육의 목적은 인류의 평화라고 생각한다. 평화를 위해 역할 할 사람, 전 분야에 그런 기능인을 길러내는 것이 교육의 목표여야 한다. 판검사가 나쁘다는 게 아니다. 힘이 아닌 정의를 추구하는 법관이 되라는 것이다. 의사가 되지 말라는 게 아니다. 돈만 벌려는 의사가 아니라 사람을 고치는 의사가 되라는 것이다. 그렇게 저마다 자신이 지닌 재능으로 자기 분야의 '피스메이커(분쟁을 종식시키려 애쓰는 중재자)'가 되는 것이다. 평화를 목적으로 하는 학교교육이 실현되려면, 학교가 국가권력의 통제로부터 벗어나야 한다. 국가가 '성장'과 '발전'이라는 두 개의 수레바퀴로 부국강병을 내세우는 한, 학교가 국가권력의 통제로부터 벗어나지 않고서는 학교에서 평화를 위한 교육이 행해질 수 없다."

"해방 후 지금까지 한 번도 교육정책이 실행된 적이 없다"는 전성은의 말은 그런 차원에서 나왔다. 정권이 바뀔 때마다, 교육부 장관이 바뀔 때마다 숱한 정책이 쏟아졌는데, 무슨 소린가? 해방 이후 학교 교육의 목적은 반공이었다가 박정희 정권 때는 산업역군을 길러내는 것이었다. 그렇게 국가가 필요로 하는 '인재양성론'의 틀을 벗어나지 못했다는 점에서 진정한 교육 정책은 없었다는 얘기다. 최근 세계화 추세에선 '글로벌 인재양성'이라며 한 발 더 나아갔다.

학교 교육의 목적은 평화……
국사 교육 강화해선 안 돼

이런 일화를 소개했다. 노무현 대통령 시절, 그가 교육혁신위원회 위원장으로 일할 때다. 중국의 동북공정 문제로 대통령 주재 회의가 열린 자리. 국사교육을 강화해야 한다는 논조가 지배적이었다. 국영수와 비중을 같이 하고, 국가고시에도 반영 폭을 넓히자는 아이디어가 쏟아졌다. 가만히 듣고 있던 노 대통령이 전성은 위원장의 의견을 물었다.

"국사교육을 강화하면 안 된다고 말했다. 우리가 강화하면 저쪽도 강화할 거다. 나는 기본적으로 국사가 아닌 동북아사를 가르쳐야 한다고 생각한다. 우리나라, 중국, 일본의 역사를 함께 놓고 과거 언제, 어느 때, 어떤 상황에서 전쟁이 일어났는지, 또 언제, 어떤 때, 어떤 상황에서 한중일 삼국의 평화가 유지되었는지를 가르쳐야 한다. 이미 유럽은 그렇게 시도하고 있다. 삼국이 저마다 국사 교육을 강화하면 '우리나라 좋은 나라, 이웃 나라 나쁜 나라' 식으로 편협한 애국심을 심는 교육이 되기 쉽다."

평화를 지향하는 교육의 전제로서 초등, 중등, 대학의 교육목표를 전성은은 이렇게 제시한다.

초등교육의 목표

아동들의 재능, 소질, 관심을 '발견'하는 데 두어야 한다. 학부모, 학교, 국가가 이를 도와야 한다. '다양한 체험'이 중요한 시기다. 그래야 어디에 재능이 있는지 관심이 있는지 알 것 아닌가. 재능과 관심은 다르다. 슈바이처는 오르간 연주에 재능이 있었지만, 신학에 관심을 두고 공부했고 그 결과 의사가 되어 아프리카로 떠났다.

내가 방문한 외국의 학교 중에서 예루살렘의 '보이스타운'은 매우 인상적이었다. 8학년부터 10학년까지 있는 학교였는데, 과목이 40가지가 넘는다. 수학, 국어, 과학 같은 학과목 외에도 다양한 경험을 할 수 있는 교육과정을 제공했다.

심지어 학생들이 보도블록을 깔아보는 과정도 있었다. 기껏해야 우리는 '레고 블록'을 경험하는 정도인데 말이다. 연극, 미술, 음악…… 잘하라고 할 게 아니라 다양한 체험을 하게 하고 아동의 소질을 발견하는 데 중심을 둬야 한다.

중등교육의 목표

선거에서 투표를 바르게 할 수 있는 능력을 기르는 데 두어야 한다. 투표를 바르게 하려면 정당이나 출마자들이 내거는 정책이 나에게 유리한지 불리한지를 판별할 수 있는 지적 능력을 길러야 한다. 유럽은 이미 그렇다. 반면 우리는 중고등학교의 교육목표가 홍익인간이다. 홍익인간이 나쁘다는 게 아니다. 널리 인간을 이롭게 한다는 홍익인간의 세상을 열려면 '정책판단 능력'부터 길러야 한다는 뜻이다.

영·호남 지역에 따라 '묻지마 투표'를 하는 것이 아니라 달러 환율이 올라가면 누구에게 유리한지, 보수당의 주장대로 의료보험 제도를 개혁하면 누구에게 유리한지, 지금의 상가와 주택을 포함한 집세 제도는 누구에게 유리하게 되어 있는지를 따질 수 있는 능력이다. 특히 사회 과목은 '누가 무엇을 언제 어떻게 가져가는지'를 알 수 있게 하는 과목이어야 한다.

대학교육의 목표

아동들의 재능과 소질과 관심을 '선발'하여 '최대화'시켜 주는 데 목적을 두어야 한다. 그러려면 대학입시의 선발 방식이 지금처럼 '결과'만 담는 것이어서는 안 된다. 교육혁신위원회가 제출한 안('학교 정상화를 위한 2008년도 이후 대학입시제도 개선안')에는 '교육이력철' 제도가 포함되어 있었다. 교사가 어떻게 가르쳤는지, 교사에 대한 평가도 함께 담자는 취지다.

평가를 하는 진정한 이유는 아이들을 경쟁시키고 성적에 따라 분류하는 것이 아니라 잘 가르치는 데 있다. 따라서 교사가 어떻게 가르쳤고, 그 결과 어떤 적성과 특기를 가진 학생이 어떤 학생으로 성장했는지 알 수 있게 그 교사의 교육방법을 기록하자는 취지다. 그릴 때 대학 입장에서도 아동에 대한 보다 정확한 정보를 얻을 수 있다고 봤다.

교육이력철 제도를 이명박 정부 때 '입학사정관제'로 갖다 썼더라. 근데 충분한 준비 기간도 없는 데다 취지까지 달리하니 결과적으로 사교육 증가, 스펙 입시라는 또 다른 문제를 낳았다. 안타깝다.

노무현 대통령이 퇴임 후 첫 만남에서 "교육부 장관 못 시켜 드려 죄송하다"고 말할 정도로 '전성은 혁신팀'에 대한 신뢰는 두터웠지만, 현실의 벽은 높았다. 당시 입시 경쟁을 완화하기 위해 수능 등급을 대폭 완화해 2등급으로 만들자는 제안도 했지만, 단세 사람(노무현 대통령, 문재인 비서실장, 이정우 정책실장)을 빼고는 모두 반대했다. "논의 끝에 5등급까지 양보했지만 교육부 최종 발표에선 9등급으로 결정되었다"고 당시 상황을 전한다.

인터뷰가 국가에 관한 이야기로 깊어지자, 전성은은 "나는 궁극적으로 국가가 사라지는 세상을 꿈꾼다"라고 말한다. 왜?

"세상에 똑같은 사람은 없다. 모두가 다 제각각이다. 학교는 아이들의 다양한 재능, 소질, 관심에 따라 다양한 교육을 해야 한다. 국가는 그렇게 해야 할 책무가 있다. 그러자고 국가가 있는 것이다. 주권은 국민에게 있다고 헌법에 나와 있다. 그런데 지금 국가는 어떤가. 인간에게 주어진 천부 권리의 실현을 막는 공공의 적이 돼 버렸다."

답이 없진 않다. '교육 독립'을 위한 전성은의 구상을 들어보자.

"교육부는 기획권, 집행권, 인사권, 예산권, 평가권 거기에 감사권까지 쥐고 있다. 일선 학교의 입장에서 교육부 장관은 국가의 대통령보다 막강하다. 그런 교육부의 수장은 대통령의 뜻에만 맞추면 그만이었다. 그러니 '아동을 왕으로 섬기는' 교육이 가능하겠나. 입법, 사법, 행정으로 삼권분립이 되어 있듯, 교육부가 행정부에서 독립해야 한다. 불가능한 게 아니다. 미국이나 독일에는 교육부 장관만 있지 우리와 같은 교육부가 없다. 교육에 대한 최종 결정권은 개별 학교가 갖는 식이다. 그럼 개별학교(교사)에 대한 책임은 누가 묻느냐? 평가 방식을 바꾸면 된다. 지금처럼 교육청의 승진심사를 위한 통제 방식이 아니라 '컨설팅' 형태로 바꿔야 한다. 민간 전문가들로 평가단을 구성해 교사들과 마주 앉아 자문도 하고 권고도 하는 식으로 '합리적 압력'을 가하자는 것이다. 평가의 근본 목적은 잘 가르치는 데 있다."

16개 시·도 교육감 협의체에 법률적 힘을 줘야

이 같은 구상을 현실화하기 위한 첫 번째 단계로 그는 '교육감협의회의 법제화'를 제안했다. 16개 시·도 교육감들의 모임이 교육부의 권한을 대폭 이양받는 것이다. 완전한 분권 자치로 가자는 취지다.

이른바 '진보' 교육감 시대. 그의 구상은 실현되기 좋은 조건일까? "모르겠다. 답답하기도 하다. 등교 시간을 늦추는 게 교육혁신인지 잘 모르겠다. 교육으로 정치해서는 안 되는데……"라며 말끝을 흐렸다. 그는 선출직 교육감 시대의 명암에 대한 기대와 우려를 동시에 갖고 있었다.

전성은이 후배 교사들을 상대로 특강을 했을 때 들은 가장 곤혹스러운 고민은 교육운동에 대한 고민이다. 그는 "한 걸음부터"라며 '간접싸움'을 제안한다. 이에 대해선 '작은 틀→큰 틀' 모형으로 그의 저서 《왜 교육정책은 역사를 불행하게 하는가》에서 자세히 언급했다.

"준비 없이 큰 틀부터 바꾸는 것은 어렵기도 하지만 성공하더라도 실효를 가져오지 못할 뿐만 아니라 소위 기득권 세력에게 역이용을 당할 수 있는 틈을 줄 수 있기 때문이다. 양반계급은 없어졌지만, 기득권세력이라고 부를 수 있는 계급은 엄연히 존재하지 않는가. 그만큼 그들은 영리하다. 그리고 그들은 불리하면 숨죽이고 있다가도 기회가오면 놓치지 않고 반격하여, 어렵게 이뤄 놓은 변화를 자신들에게 유리하게 작용하도록 만든다. '어둠의 아들들이 빛의 아들들보다 지혜롭다'는 예수의 말을 명심해야 한다. 그들은 잠시 사라질 뿐, 절대 죽지 않는다."

아울러 '자성'을 강조했다.

"과거와의 단절은 모두가 네 탓이라는 오만에서 나오는 발상이다. 자성이 먼저 있어야 한다. 나는 책임이 없는가를 반드시 점검해봐야 한다. 자성이 있어야 모두가 마음이 통하는 장이 마련될 수 있다. 그렇게 마음이 통하는 장이 마련되어야 지난 일을 느리지만 확실하게 바로잡을 수 있다. 마음을 통해 하나가 되지 않으면 새로움을 열 수 없다."

부모가 서로 사랑하면
아이는 제 길 간다

2006년 정년 퇴임한 뒤부터 전성은이 바로 시작한 일이 있다.

아침에 일어나 부엌으로 간다. 가스레인지에 커핏물을 올린다. 테이스터스 초이스 커피 한 숟가락에 황설탕 두 스푼. 크림은 넣지 않는다. 가끔 분위기를 바꾸기 위해 커피 잔을 달리할 때면 이전 커피 잔에 넣은 물을 붓는다. 그래야 아내가 좋아하는 맛에 딱 맞춤할 수 있다. 그가 탄 커피를 마시며 아내는 아침드라마를 보거나 신문을 읽는다. 전성은의 아침이 아내보다 10분 먼저 시작되는 이유다. 아내에게 커피 타주기.

그는 "사랑이 교육의 전부"라고 말한다.

"부모가 서로 사랑하면 아이는 제 길을 간다. 나는 그래서 부모들에게 말한다. 결혼은 실패해도 사랑은 성공하라고. 그것도 한 사람과!"

정년 퇴임 후 바로 시작한 일

전성은은 거창읍에서 알아주는 애처가로 통한다. 하지만 그 '명성'을 얻기까지 피 튀는 세월이 있었다. "몇 년 동안 쫓아다니며 졸라서"한 결혼이었지만, 순탄치 않았던 순간 "그래서 내가 싫다고 했잖아"라는 원망의 말을 아내에게서 들어야 했다. 결혼 2년 차 때는 자가용을 몰고 가다가 홧김에 액셀을 세게 밟은 적도 있다고 고백한다. '너 죽고 나 죽자'는 심정이었을까.

정년퇴임을 하고서도 '한 사람과의 사랑'은 계속 시험대 위에 올랐다. 5, 6년 전 일이다.

"집사람이 매우 아팠다. 병명도 정확치 않았다. 일어나 앉지도 못했다. 곁에서 간호하며 2년 반이 지났을까. 미국에 간 큰 딸애가 어렵게 가게 하나를 얻어 흑인 동네에서 식당을 시작했다고 했다. 아무래도 위험하지는 않을까 불안했다. 한번 살펴봐야겠다는 생각이 들었지만, 아내를 두고 갈 수가 없어 망설였다. 집사람은 '가보라'고 등을 떠밀었다. '정말 가도 되겠어?' 문 열고 집을 나서는 순간까지도 물었다. 그리고 필라델피아행 비행기를 탔는데 해방감이 밀려와 아내를 잊었다. 비행기는 천국을 날고 있었다. 워낙 비행기 타기를 좋아하는 나였다. 그리고 미국에 도착해 수요예배를 보러 교회를 갔는데 목사의 설교 한 마디가 뒤통수를 쳤다. '사람은 가야 할 길이 있고 또 가지 말아야 할 길이 있다'는 말이었다. 물론 나를 두고 한 말은 아니었다. 그날 밤 침대에서 숨죽여 울었다. 딸이 들을까 봐. 최선을 다해 아내를 사랑한다고 생각했다. 그런데 아내를 사랑한다는 나의 수준이 어떠한가를 본 거다. 아내 병간호에서 벗어났을 때 느껴진 그 해방감, 자유……. 내가 나한테 속은 거였다. 사랑하고 있다고. 내가 대단한 사랑을 했다고. 근데 아니었다고 그날 깨달은 거지. 사랑 아닌 걸 사랑이라고 착각한 거지……."

잠시 침묵이 이어졌다. 그리고 혼잣말인 듯 이렇게 말한다.

"인간이 인간을 사랑한다는 게 굉장히 약한 거야. 유리창보다 더 깨지기 쉬운 거지. 사랑은 위대한 게 아니야. 노력하고 발버둥치는 게 아름다운 거지. 그때 나는 알았어. 사랑은 감정이 아니라 의지와 노력의 산물이란 걸. 사랑은 섬기는 거야."

내 41년을 걸고 말할 수 있는 것

정년퇴임 후 제자들의 소식을 듣는 것도 큰 낙이다. 기자가 인터뷰를 하러 거창에 내려갔을 때, 한 제자가 번역한 책이 우편물로 도착해 있었다.

"번역 참 잘했네. ○○○이 거창고에서 거의 꼴찌로 졸업했어. 농악대에 들어가 꽹과리만 치던 녀석인데. 공부를 못했는데도 봐, 이렇게 자기 자리를 찾잖아. 이론적으로나, 지난 나의 41년 경험으로나 자기 하고 싶은 거 하면 먹고사는 거 문제 되는 거 없어. 내 41년을 걸고 말할 수 있어. 그러니 제발 아이들을 믿고 도와줬으면 좋겠어."

전성은과의 인터뷰 중 내내 떠나지 않던 질문이 하나 있었다. '왜 대안학교의 길은 아니었을까?' 교육적 이상理想은 제도 밖에 있으면서, 교육 행위는 제도 안에서 이뤄졌던 전성은의 '선택'이 쉽게 이해되지 않았다. 이와 관련해선 '10년 내부 논쟁'이 있었다고 한다.

"1970년 초부터 파면, 복직, 유신을 겪어온 몇몇 교사들이 더 이상은 안 되겠다는 판단을 내리게 되었다. 편안하고 풍족한 생활은 바라지 않는 교사들이었다. 하지만 원하는 교육은 마음대로 해야 하지 않느냐. 국가가 만들어준 교과서로, 교육과정으로,

입시라는 평가 방식으로 우리가 추구하는 교육을 할 수 없다, 그러니 국가의 통제에서 벗어나자는 결론에 이를 참이었다. 실천안도 마련됐다. 교사들은 월급을 반만 받겠다는 결의도 했다. 여기에 한 교사의 말이 분위기를 역전시켰다. '엄격한 국가의 통제아래 국가가 만들어준 교과서와 교육과정대로 교육하더라도 그 속에서 인격의 변화가 일어난다는 증거를 보여줘야 하지 않느냐? 그래야 국가의 통제를 받는 학교에서 교육받는 100만 명이나 되는 아이들의 문제를 해결할 길을 찾을 수 있는 것 아닌가? 조건이 되면 교육을 하고, 조건이 안 되면 교육을 안 한다는 건 모순 아니냐'는 말에 다들 공감했다."

제도권 안이냐, 밖이냐의 논쟁은 그렇게 종지부를 찍었다.

전성은은 인터뷰 중에 다음과 같은 말을 자주 반복했다.
"너는 네가 생각하는 너보다 훨씬 아름답다. 너의 신비로움은 가늠하고 예측할 수 없는 것이다."

"알 수 없는 말"이라고 되받았더니, "알 수 없으니 섬겨야 하는 것 아니냐"는 반문이 돌아왔다.

반면, 한국교육의 실상은 다음의 세 문장으로 압축된다.

가만히 있어라.

시키는 대로 해라.

나서지 마라.

그 사태가 세월호 참극을 낳았고 청소년 자살률 세계 1위라는 오명을 안겼다. 이 거대한 이상과 현실의 간극에도 불구하고, 선생은 줄기차게 '꿈'을 이야기한다.

"사람은 근본적으로 꿈꾸는 존재다. 꿈을 꾸지 않으면 인간으로서 성장을 멈춘다. 그 가운데에서도 특히 학창시절은 꿈으로 가득 차 있는 시기다. 이 시기에 자기의 삶을 스스로 설계하도록 도와주는 일이 학교 교육의 제일 목표다. 인간은 자기 삶에 대한 꿈만 꾸지 않는다. 이상적인 세상에 대한 꿈도 꾼다. 인류가 더욱 따뜻하고 보다 밝은 세상 꿈꾸기를 멈추면 또는 꿈꾸기를 포기하면 역사는 힘을 가진 집단의 노예로 전락한다. 이 세상은 싫든 좋든 수많은 이데올로기의 신들이 인간을 꿈꾸지 못하게 한다. 인간의 꿈꾸기를 방해한다. 꿈꿀 필요가 없이 이데올로기에 순응하여 살면 편하다고 믿게 만든다. 학교 교육은 바로 그러한 이데올로기의 악영향에 맞서 아이들을 보호해야 한다. 이데올로기로부터 아이들을 보호하는 일이 바로 아이들로 하여금 학창시절에 이상적인 세상을 머리와 가슴속에 그려볼 수 있게 도와주는 일이다. 아이들이 자기 개인의 앞날만 꿈꾸는 차원을 넘어 마음껏 인류의 미래를 위한 이상 사회를 꿈꾸게 하는 일이야말로 교육과정을 기획하는 일이다."

—《왜 교육정책은 역사를 불행하게 하는가》中

내가 교장 선생님에게 드린 유일한 선물은……

'교육이 실패한 곳에서 비로소 교육이 시작된다'는 전성은의 믿음이 무엇인지, 알 것 같다. 이 인터뷰 기사를 마무리할 즈음이 되니 말이다. 어쩌면 우리 교육은 "다 안다"는 사람들에 의해 망쳐져왔다는 생각이 들었다. 모르면서 안다고 착각하는 사람들에 의해.

"실패, 얼마나 아름다워?"

이렇게 말하며 환하게 웃음 짓는 전성은의 얼굴은 반짝반짝 빛났다. 끝으로 그의 제자이자 거창고 교사였던 한 50대 여교사에게 들은 '전성은의 사생활'을 전하며 6회에 걸친 인터뷰를 마무리한다.

"교장 선생님(전성은)의 아버지(전영창)가 폐교 직전의 거창고를 인수하면서 재산을 다 털어 넣어 집 한 칸 없이 줄곧 사택에 사셨다. 또 박봉에 자식 다섯을 키우자니 형편이 말이 아니었다. 1980년대에는 사모님이 하루 용돈으로 1천 원을 주셨다고 하더라. 또 아침마다 '양말 전쟁'이 벌어졌다. 출근하려고 하면 구멍 난 양말이나 짝이 안 맞는 양말이 교장 선생님의 차지가 되었다. 나는 가까이 살고 있어서 그 집 형편을 아는 편이었는데, 크리스마스 때였나? 양말 다섯 켤레를 사서 드렸다. 그게 내가 고등학교 1학년 때부터 40년 가까이 교장 선생님과 가깝게 지내면서 드렸던 유일한 선물이다."

부모 십계명

1. 《왜 교육정책은 역사를 불행하게 하는가》, 138-139쪽, 전성은.
2. 《왜 학교는 불행한가》, 185-193쪽, 전성은.
3. 《로마서》8장 전체, 특히 17절.

부모와 자녀를 위한 행복론

1. 《왜 교육은 인간을 불행하게 하는가》, 28-30쪽, 전성은.
2. 《왜 교육은 인간을 불행하게 하는가》, 122-131쪽, 전성은.
3. 《왜 학교는 불행한가》, 116-121쪽, 전성은.
4. 《전영창 전집 III》, 94-96쪽, 거창고등학회.
5. 《창세기》6장 1-8절.
6. 《왜 학교는 불행한가》, 전성은.
7. 《Truth speaks to power》, Walter Brueggemann.

《왜 교육정책은 역사를 불행하게 하는가》, 55-56쪽, 전성은.

8. 《전영창 전집 III》, 147-149쪽, 거창고등학회.

9. 《전영창 전집 III》, 144쪽, 거창고등학회.

10. 《전영창 전집 III》, 129쪽, 거창고등학회.

11. 《전영창 전집 III》, 237-238쪽, 282쪽, 거창고등학회.

12. 《예수 사랑, 먼저 행하고 먼저 베풀어라》, 365쪽, 김기석.

13. 《왜 교육은 인간을 불행하게 만드는가》, 222-235쪽, 전성은.

14. 《전영창 전집 III》, 291쪽, 거창고등학회.

15. 《대학 중용 읽기》, 이현주.